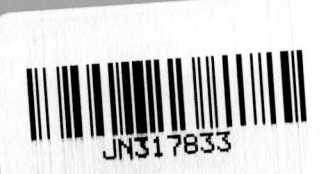

配色の基本がすべてわかる

# 色彩ガイドブック

COLOR GUIDEBOOK

佐藤千佳 著
カラーアナリスト

永岡書店

# 色彩ガイドブック
# 目次

## 1章 色の基本レッスン

# 2章 見て＆覚えて楽しいカラーシート118色

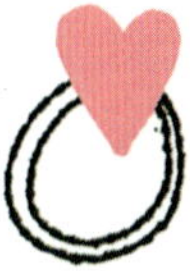

# はじめに

私たちの周りは、色であふれています。色のない生活なんて、想像もできないでしょう。

でも、そんな身近な存在である色について、私たちは意外と知らないことが多いもの。たとえば、色の名前。赤っぽい、青っぽいなど、基本的な色はわかるものの、微妙に色みが違う２種類の青を並べられたとき、それらを正しい名称で呼ぶことのできる人は少ないでしょう。

この『色彩ガイドブック』は、色について知る最初の一歩になるよう、「わかりやすく、楽しく、実践的に」をモットーにまとめました。色の基本からファッション、メイク、インテリア、食生活に役立つ色の活用術まで幅広く紹介しています。

洋服のコーディネイトやインテリアの配色に悩む人や、もっと色彩感覚を身につけたい人、カラー関係の資格を取りたい人など、色に少しでも興味がある、すべての人のお役に立てるはずです。

この本を通して、色をあらためて見直し、色の持つパワーを毎日の生活に生かしてもらえることを願っています。

佐藤千佳

# 1章

# 色の基本レッスン

なんだか色が気になる・・・そんな気持ちでこの本を手にとった人。まずは、色がなぜ人を引きつけるのか、その不思議な力からレッスンしましょう。

Lesson 1

# 色をもっと楽しむための3つのポイント

色についてもっと知りたいと思うなら、色を楽しむコツを知るのが早道。まずは、色を楽しむための3つの基本ポイントを紹介します。

## ポイント1

### 色を使って自分をよく見せる気持ちを持つ



もともと色づかいが上手な人と、苦手な人がいます。でも、それは関心を持っているかどうかの違いなんです。色づかいのセンスを磨くためには、まず「色の重要性」に気づいて、「色を使って自分をよく見せよう」と思うことです。その気持ちが強ければ強いほど、色に敏感になるはず。

## ポイント2

### 色のパワーやしくみを身につける

色には、人の心理に影響を与える力があります。また、色の組み合わせにはいろいろな法則やしくみがあります。それらを知ることで、色づかいが格段にアップすること間違いなし！
色の力や法則はこの章で紹介します。

## ポイント3

### 自然や美術品など美しい色を見る

色を楽しみ、好きになるためには、美しい色を見ることも大切。空の色、水の色、草花の色、動物の色･･･そんな自然界の色には「美の法則」が隠されています。また、美術品を鑑賞したり、芝居やミュージカルを見たり、外国を旅することでさまざまな色を目にすれば、使いたい色の幅が広がります。

Lesson 2

# どうしていろんな「色」があるの？

**私たちの身の回りのものにはすべて色がついているけれど、一体どれくらいの色があるの？　まずは色のつくり方のレッスンからスタートです。**

## 基本の色は３色

赤、青、黄･･･といった日頃、慣れ親しんでいる色から、なんて呼べばいいのかわからない色まで、世の中には、たくさんの色があります。でも、そんなたくさんの色のモトといえるのは、下の３色。この３色があればどんな色もつくり出せるのです。



**色料**（絵の具、顔料、染料など）**の３原色**

**色光**（ライト、照明など）**の３原色**

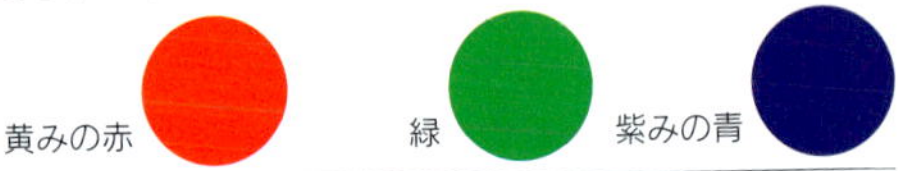


これらの３色を混ぜるとどんな色になるのか･･･。11ページで確認します。また、原色とは別に、白や黒が混じっていないあざやかな色のことを純色と呼びます。

## 色料を混ぜるとこうなる

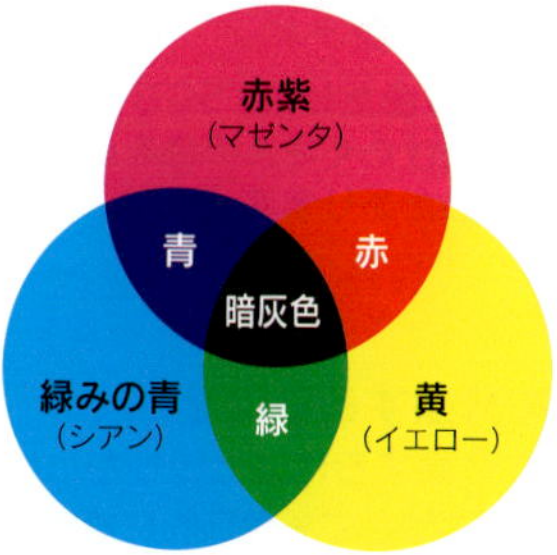

色料の場合、色が重なるとどんどん暗くなります。これを減法混色といいます。

## 色光を混ぜるとこうなる

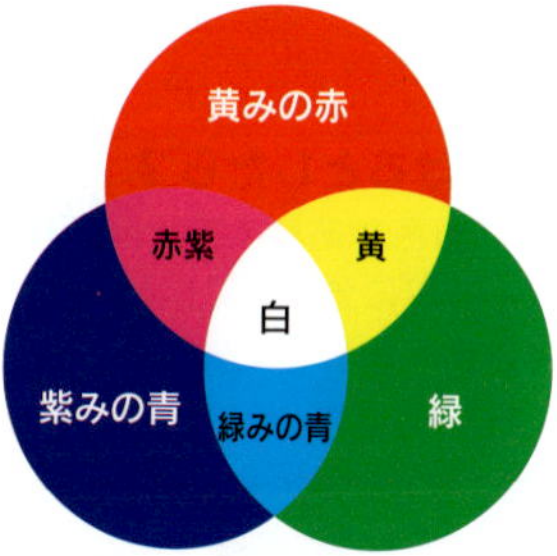

色光の場合、色が重なるとどんどん明るくなります。これを加法混色といいます。



### この本も3色＋黒でつくられている

カラー印刷をしているこの本も、色料の３原色＋黒の４色を組み合わせて、すべての色をつくり出しています。印刷では、通常、シアン（C）、マゼンタ（M）、イエロー（Y）、ブラック（K）の４色の印刷用インキを使い、色を再現しているのです。これは家庭用のプリンターなども同じです。

Lesson

3

# 色を分ける3つのものさし

**色は、私たちが目に見える色だけで750万色あるといわれています。これだけたくさんの色を見分けるために、3つのものさしがあります。**

## 数え切れない色を分類するには？

750万色もある色を分類するにはどうしたらいいか？　実は、色というのはとても規則的にできていて、「色相」「明度」「彩度」というものさしを使えば、きれいに分類することができるのです。この３つの言葉、初めて聞くとピンとこないかもしれませんが、色を知るにはとても重要な言葉。さっそくレッスンしてみましょう！

## 下の９色を３つに分けるとしたら？

さて、下に９つの異なる色があります。「この９色を３色ずつ３つのグループに分類して」といわれたら、あなたはどう分けますか？

うまく分けられましたか？

実は、正しい分け方は３パターンあるのです。まず次ページから見ていきましょう！

## 分類方法1 色相によって分ける

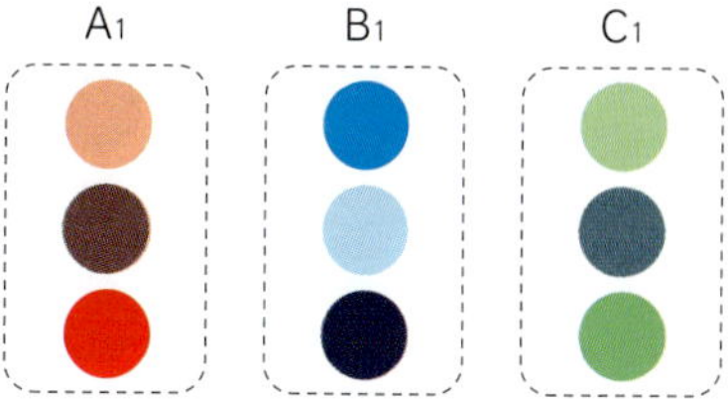


この分け方は色相によって分類したものです。

色相とは、赤み、青み、黄み…といった色みのこと。私たちが「赤っぽい」「青系の色」と表現するのは、色相というものさしを使っているからです。

色相は下の図のように黄、緑、青･･･と「色相環」と呼ばれる色の輪で表現することができます。ですから上の３つのグループは、$A_1$は赤の色相、$B_1$は青の色相、$C_1$は緑の色相で分類したものです。

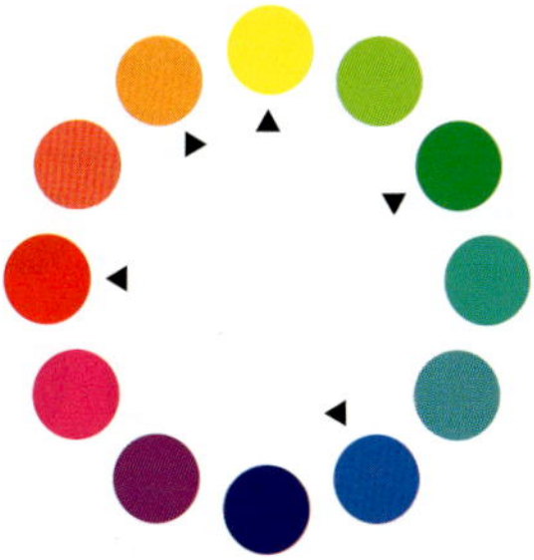

このうち、赤、橙、黄、緑、青の５色を５色相と呼んでいます（▲印のもの）。ほかはこの５色を組み合わせてできる色です。

## 分類方法 2 明度によって分ける

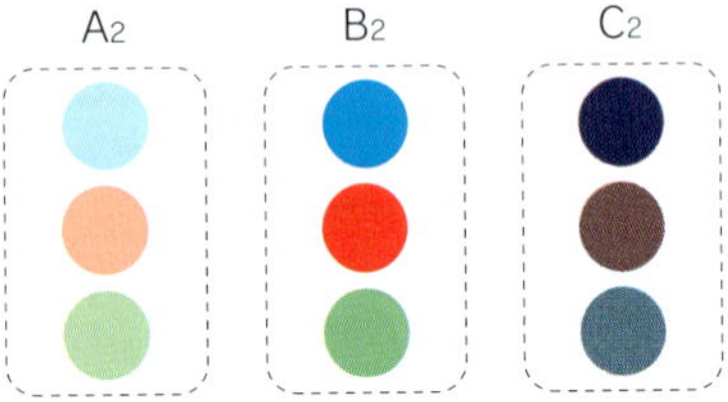


明度とは、色の明るさの度合いのこと。いちばん明度が高いのは白で、もっとも明度が低いのは黒といえば、なんとなくイメージがつくでしょう。同じ色み（色相）の色でも、明度が高い、低いはあります。たとえば、同じ青みの色でも、スカイブルーは明度が高く、紺は明度が低いといえます。上の3つの分類は、$A_2$がもっとも明度の高いグループ、$B_2$が中くらい、$C_2$が明度の低いグループといえます。

上の図は、無彩色、赤系、青系の色を明度の順に並べたもの。どれも左側がもっとも明度が高く、右側が明度が低くなっています。

## 分類方法 3 彩度によって分ける

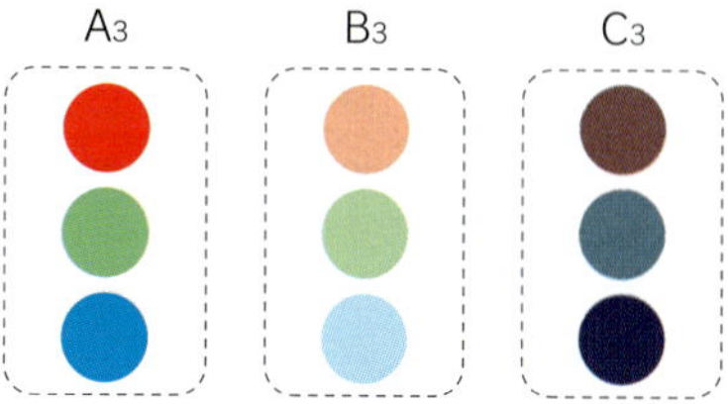


彩度とは、色のあざやかさ、鈍さの度合いのこと。あざやかな色のことを「冴えた色」、鈍い色のことを「くすんだ色」と表現することもできます。また、もっとも彩度の高い色は、10ページで紹介したように「純色」と呼びます。上の３つの分類は、$A_3$がもっとも彩度が高く、$B_3$が中くらい、$C_3$がもっとも彩度の低いグループです。

彩度が高いほど、はっきりとしたあざやかな色になります。彩度が低くなると白、黒、グレーの無彩色が混ざった色なので無彩色に近づきます。たとえば、赤に無彩色のグレーを混ぜると灰茶、黒ならばチョコレートという色になります。

Lesson

4

# いろいろある「色の名前」

**空も海も同じ「青色」ですが、実際には同じ青ではありません。そんな色の違いを表現するには、色の名前を覚えるのがいちばんです。**

## この色、あなたなら何と呼ぶ？

上の色を見て、多くの人は「赤」あるいは「レッド」と答えるでしょう。では、下の色は何と呼びますか？

最初の色に比べたら、同じ「赤っぽい」色ではあるけれど、純粋に「赤」とは呼べないような･･･。「くすんだ赤」「暗い赤」「黒っぽい赤」などと表現する人もいるでしょう。では、さらに、下の５色はどうですか？

この色の違いをきちんと相手に伝えられる人はほとんどいないはず。このように、ひと口に「赤」といっても、微妙に異なり、そしてひとつひとつに名前がついています。それらは、「基本色名」「固有色名･慣用色名」「系統色名」で表すことができます。

### 基本色名とは？

白、黒、赤、黄、緑･･･といった誰でも知っている基本的な色名のこと。日本工業規格（JIS）では、次の13色を基本色名にしています。

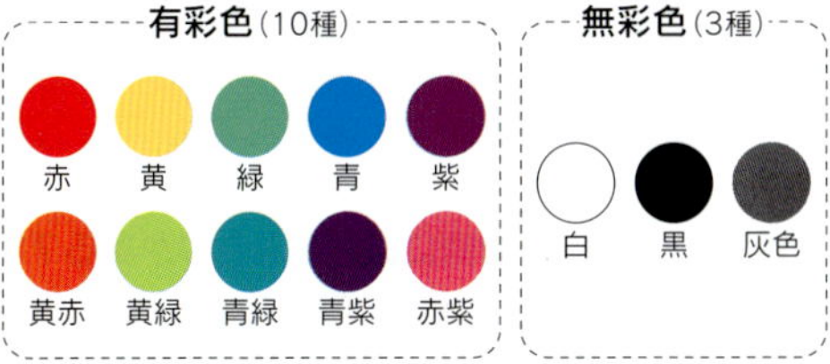


### 固有色名・慣用色名とは？

固有色名とは、顔料や染料などの原料名、動物、植物、鉱物などから名前を借りた色のこと。さらに固有色名のなかでも、比較的よく知られたものを慣用色名といいます。「さくら色」「うぐいす色」「エメラルドグリーン」「栗色」などが慣用色名です。この表し方ならば、色名を聞けば、だいたいどんな色か想像することができます。



### 系統色名とは？

「くすんだ黄みの赤」「青みの明るい灰色」など、基本色名に、明度、色相、彩度に関する修飾語をつけて表すのが系統色名。あらゆる色を系統的に分類し表現する、ちょっと専門的なものです。

色の名前のなかでも、とくに慣用色名をたくさん覚えると、これまでは「赤っぽい」という表現しかできなかった色が、「これは紅色ね」「これはカーマイン」などと正確に伝えられるようになります。

２章では、慣用色を118色紹介するので、ぜひチャレンジしてみましょう！

Lesson 5

# 色の表し方に困ったら…

**自分のイメージする色が伝えられなくて、もどかしい思いをしたことはありませんか？　そんなときに便利な色の修飾語を紹介します。**

## 色を表現する修飾語にはどんなものがある？

洋服などを選ぶとき、「このピンクではなくて、もうちょっと違ったピンク」なんて思うことはあるはず。では、そういった微妙な色の違いを説明したいときは、どんな言葉を使うべき？　実は、色を学ぶときには共通の修飾語があります。

### ○みを帯びた□色

○にも□にも、色（基本色）の名前が入ります。たとえば、「黄みを帯びた赤」や「赤みを帯びた黄」。前者は、基本的には赤系の色だけど少し黄が混ざっている感じがする色のこと。後者は、基本的には黄だけど赤が混ざったような黄のことを指します。その違いを実際に色で見てみましょう。

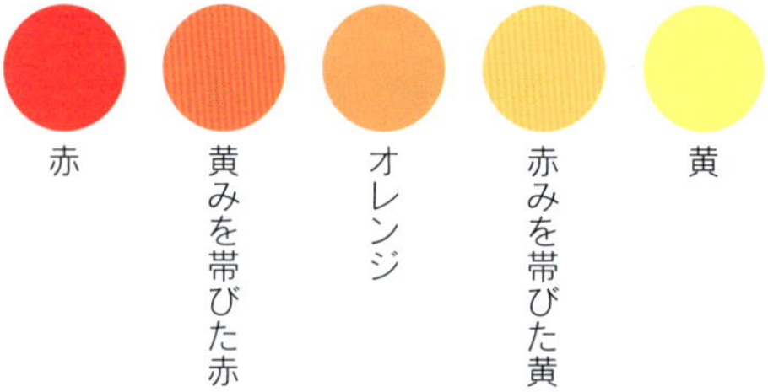

## くすんだ○色

くすんだという表現は、15ページで勉強したように、彩度が低い色のことを指します。無彩色（黒、白、グレー）の混ざり具合が高く、本来の色みが薄くなっている色ほど「くすんだ色」と呼びます。

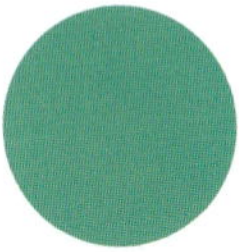
冴えた緑

くすんだ緑

## 暗い○色、明るい○色

明るい、暗いというのは明度に関した修飾語。また、明度と彩度に関する修飾語には、「うすい」「こい」「やわらかい」「強い」「あざやかな」などがあります。

どんな具合に使えばいいかは、２章のカラーシートに記されている「系統色名」を参考にしてみて！

明るい青

暗い青

Lesson 6

# 色がココロに与えるイメージ

**色を選ぶときに「この色なら落ち着きそう」「あたたかい感じがする」といった理由で選ぶことはありませんか？　ここでは、多くの人に共通する色のイメージについてみていきます。**

## あたたかい色と冷たい色

次の３つの色を見て、「冷たい」「あたたかい」と感じるものを１つずつ選んでみましょう。

選べましたか？　日常、洋服を買うときなどに「暖色系にしよう」「寒色系がいい」と使うように、色には、あたたかく感じる色と冷たく感じる色、そしてそういった「温度」を感じない色があります。

**寒色** 水や氷などをイメージして冷たさを感じる色

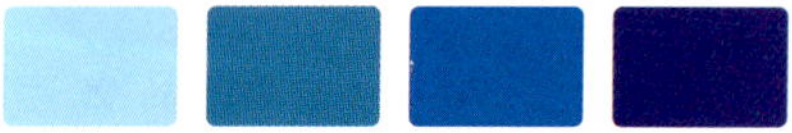

**暖色** 太陽や火をイメージしてあたたかさを感じる色

**中間色** 冷たくもあたたかくもなく、はっきりしない色

## 暖色系と寒色系の温度差は何℃？

あたたかみを感じさせる「暖色系」と冷たさを感じさせる「寒色系」ですが、2つの心理的温度差は3℃あるといわれています。言葉だけではその差がわかりにくいかもしれませんが、暖色と寒色の温度差がよく表れているエピソードがあります。

ある会社の食堂では、壁の色に寒色系の色を使っていたところ、寒いと苦情が続出･･･。温度を上げても苦情はちっともおさまりません。そこで壁の色をオレンジっぽい色に変えてみたところ、今度は暑いと上着を脱ぐ人が増えたというのです。そこで、暖色系の壁で、以前より少し温度を下げたところ、快適に食事ができるようになり、問題は解決したそうです。

## 重い色と軽い色

同じ重さでも、色を変えることにより、心に感じる「重さ」は変わってきます。たとえば、下の2つのスーツケースなら、どちらが重く見えますか？

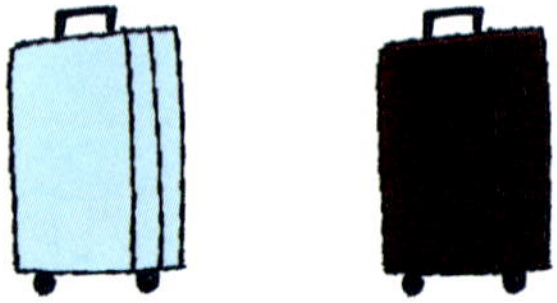

たいていの人は、右のスーツケースのほうが「重そう」と感じるのでは？　このように色には重い色と軽い色があり、重い色の代表である黒は、白に比べて1.87倍重いといわれています。色彩の専門用語でいうと、高明度の色は軽く、低明度の色は重く見えます。



**重い色**

**軽い色**

### 段ボールの色が決まった理由

引っ越しなどに使う段ボールは、白やベージュのものが多いようです。その理由は、「荷物が重そうに見えないようにする」ため。段ボールが真っ黒だったら運ぶ前から疲れてしまい、作業の効率が落ちてしまうからです。

## かたい色とやわらかい色

下の２つのボールを見て、どちらが「かたそう」と感じますか？

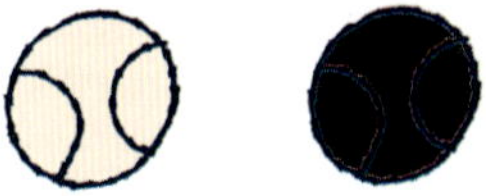

「右のほうがかたそう」と感じる人が多いはず。色には、重量感と同様に、「かたそう」「やわらかそう」という、かたさをイメージさせる力があります。「かたそう」と感じさせる色は、寒色系のはっきりとした色。色彩の専門用語でいえば、「低明度・低彩度」の色です。一方、「やわらかそう」と感じさせるのは、淡い色。「高明度・低彩度」の色はやわらかさを演出するのです。彩度とは、15ページで勉強したように、「色のあざやかさ」のこと。明度は、「色の明るさ」のことです。

**かたい色**

**やわらかい色**

## 興奮色と沈静色

色には、見ることによって気持ちを興奮させる色と、反対に気分を静める色があります。赤、オレンジ、黄といった暖色系で、にごりのない純色ほど興奮させる力は大きくなります。一方、青など寒色系の色は、見る人の気持ちを静めてくれます。

**興奮色**

**沈静色**

### 闘牛士の持つ赤い布は誰を興奮させる？

スペインなどで行われている闘牛では、闘牛士は赤い布を持って牛を挑発しています。あの赤い布には、「興奮させるため」という理由がありますが、あれは闘牛を興奮させるだけでなく、見ている観客を興奮させるためという理由もあるのです。

## 派手な色と地味な色

派手な色と地味な色といえば、誰でもだいたいイメージがつきますよね。では、「派手な色と地味な色の違いを説明してみて」といわれたら？　うまく言葉で説明できない人も多いでしょう。

派手な色とは、色彩の専門用語でいうと、「彩度と明度が高い色」。地味な色は、「彩度も明度も低い色」のことです。

**派手な色**

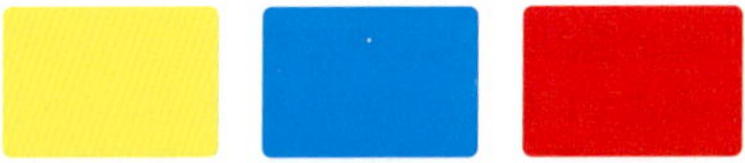

**地味な色**

## 進出色と後退色

下の図を、目から少し距離を離して見てみましょう。

左の図のほうは、真ん中の色が手前に出っ張っているように見えませんか？　反対に右の図は、真ん中の色が引っ込んでいるように見えませんか？

どちらも、同じ大きさで同じように描いているのに、見え方に違いがあるのは、色には進出色と後退色があるからです。

一般に進出色は暖色系の色や明るい色、後退色は寒色系の色や暗い色です。

### 進出色と後退色をメイクに利用！

進出色と後退色は、実は気づかないところで日常に取り入れています。たとえばメイク。顔に立体感を出すために、頬の高い位置や鼻筋にチークやハイライトを入れ、頬の下にシャドーを入れることがあります。あれは、進出色と後退色の効果で、顔を立体的に見せているのです。

## 色と時間の関係

色は時間の経つスピードにも影響を与えることがわかっています。たとえば、「赤い部屋」と「青い部屋」では、同じ時間でも、私たちが感じる時間は違うのです。

### 時間の流れを遅くする→寒色系

寒色系には、時間の流れを遅くする効果があります。ある実験によると「寒色系の環境は1時間を40分程度にしか感じられなくする」というデータが出たそうです。

オフィスや勉強部屋など、集中して物事に取り組みたいところには、寒色系が合っています。

### 時間の流れを早くする→暖色系

暖色系は、「本当は40分しか経っていないけど1時間経った感じがする」というほど、時間の流れを早くします。そのため、ファストフード店などでは、暖色系を用いることで、客の回転率を上げようという狙いがあるようです。

Lesson 7

# 不思議な色の見え方

**身の回りにはたくさんの色が使われていますが、色は、ほかの色と影響し合うことで、1色だけのときとは違う見え方をすることがあります。**

## 対比

対比とは、ある色がほかの色に影響されて実際とは違って見える現象のこと。いろんな対比があるので、見ていきましょう。



### 同時対比

２色以上の色を同時に見たときに起きる現象。「明度対比」「色相対比」「彩度対比」「補色対比」「縁辺《えんぺん》対比」の5つがあります。

#### 明度対比

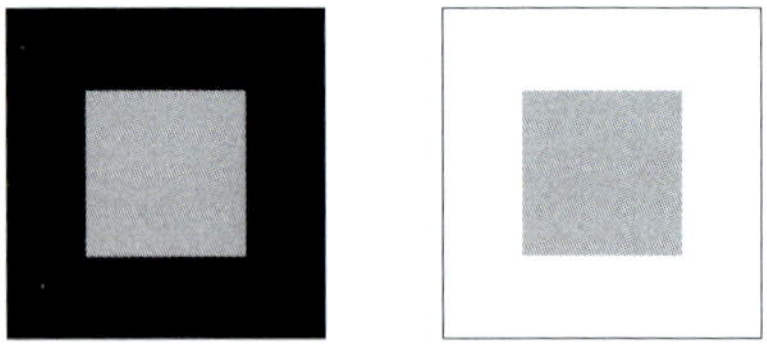

上の２つを見比べると、真ん中の灰色は、右のほうが暗く感じます。このように、実際は同じ色なのに隣り合う色によって色の明るさが影響されることを、明度対比といいます。

## 色 相 対 比

今度はこの２つを見比べてみましょう。中の黄は、まったく同じに見えますか？

左の黄はなんとなく緑がかって見え、右の黄は赤みがかって見えませんか？　このように周りの色の影響を受けて色みが少しずれて見えることを、色相対比といいます。



## 彩 度 対 比

次の２つを見比べてみましょう。中の水色は、まったく同じに見えますか？

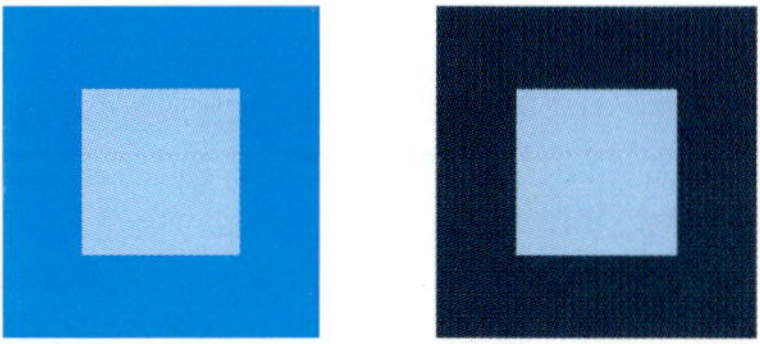

左の図のほうが、中の水色はなんとなく色あせて見えますよね。このように、周りの色があざやかなときは中の色は色あせて見え、周りの色が鈍い色のときは、中の色はあざやかに見えるのです。これを彩度対比といいます。

## 補 色 対 比

下の図を見て、どんなことを感じますか？

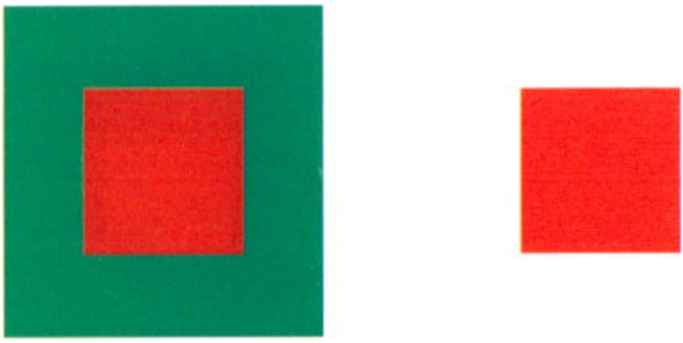

緑に囲まれた赤と、単独である赤は、どちらも同じ赤です。でも、緑に囲まれた赤のほうが、よりあざやかに見えませんか？　これは、赤を囲んでいる緑が、さらに赤を際立たせる役目を果たしているから。緑は赤の反対色である補色で、これを補色対比といいます。



### 手術室の壁や手術着が緑のワケ

病院の手術室の壁や、医師の手術着の色として緑がよく使われます。その理由は、対比現象のひとつ、継時対比（32ページ参照）による色のイタズラを防ぐためです。

手術をする医師は、まっ赤な血をずっと見ているため、壁や手術着が白いと、赤の補色である緑が、目の前にちらちら浮かんで疲れるため、集中できなくなる可能性があるのです。

そこで、手術が失敗しては大変ということで、色の専門家たちが、壁や手術着を緑にすることを提案。補色の緑が浮かんでも、周りの緑が吸収してくれるため気にならないというわけです。

## 縁辺対比

明るさの違うグレーを5色、並べてみました。では、それぞれの色と色との境をよく見てください。

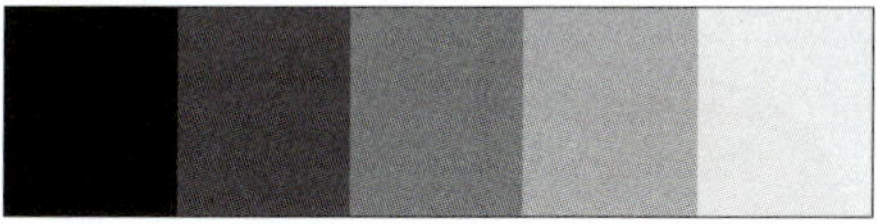

明るい色との境界付近は暗く見え、暗い色との境界付近は明るく見えるはずです。このように、隣接するところに現れる現象を縁辺対比といいます。縁辺対比の仲間には、下図のようなおもしろい現象もあります。

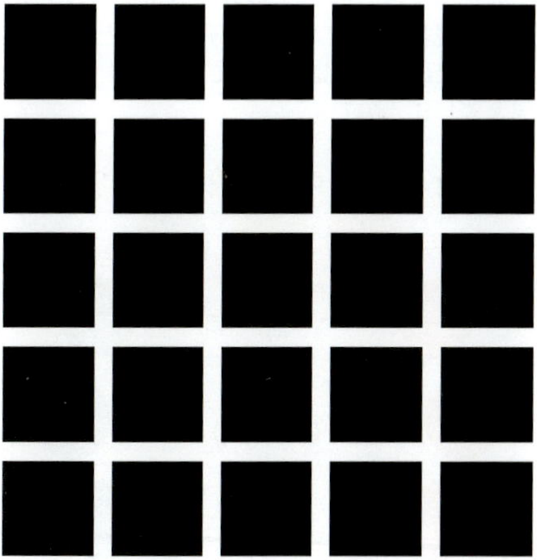

白い線の交差する部分に、ぼんやりとグレーが浮かんで見えます。これは、交差する部分はほかの白い部分と比べ、黒との距離があるため対比が弱くなり、くすんで見えるからです。

### 継時対比

　ある色を見た後で別の色を見ると、最初に見ていた色の影響で、本来の色と違った色に見えることがあります。これは継時対比と呼ばれるものです。たとえば、下の赤を１分間ほど、じっと見つめてから白いところに目を移してみましょう。

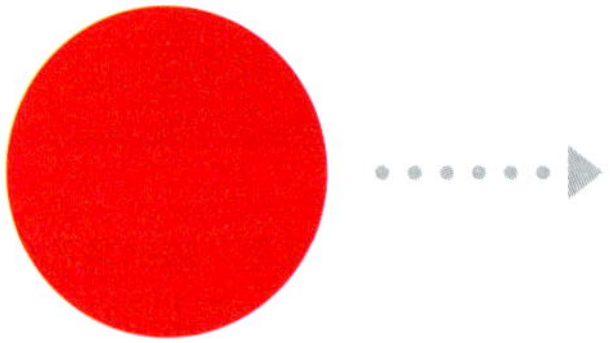

　白いところを見たら、そこに青緑の点が見えてきませんでしたか？　このように、ある色を見ているとその色の反対の色（心理補色ともいいます）が残像として現れます。これを補色残像現象といいます。そして、この色が次に見る色に影響して、違った色に見えてしまうのです。

反対色とは…

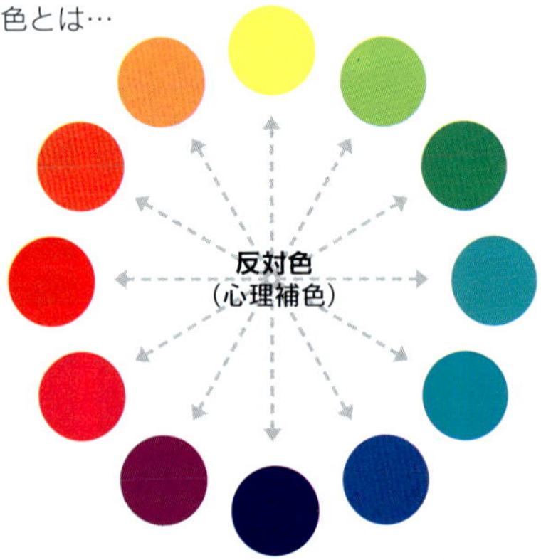


スキー場で雪ばかり見ていた後に、急に部屋に入ると、一瞬真っ暗に感じるのも、この継時対比の効果です。

## 面積対比

色は、大きな面積のものと小さな面積のものを比べると、面積が大きいもののほうが、明るくあざやかに見える性質があります。これを面積対比といいます。

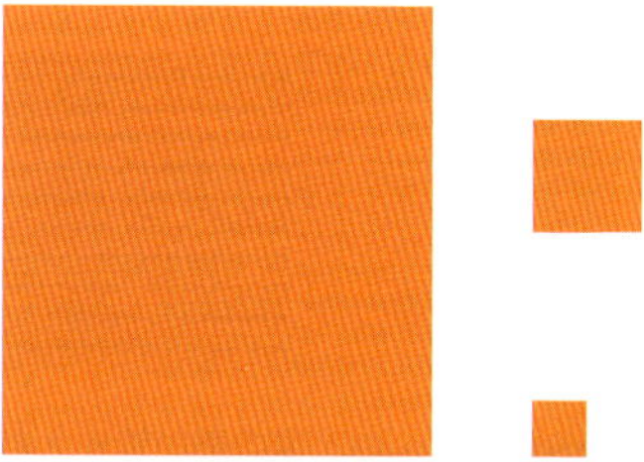

上の３つはいずれも同じ色。でも、なんとなくいちばん大きいものが明るく見え、小さいものはくすんで見えませんか？ また、壁の色やカーペットを選ぶとき、小さな見本だけで決めてしまうと、実際に届いた商品が見本とは違う色のように感じることがあります。選ぶときはなるべく実際の大きさに近いものを見て、選びましょう。

## 同化

ここまで紹介してきた対比とは反対に、色と色が影響しあって似て見える現象を同化といいます。柄が細かいほど起こりやすいのが特徴です。

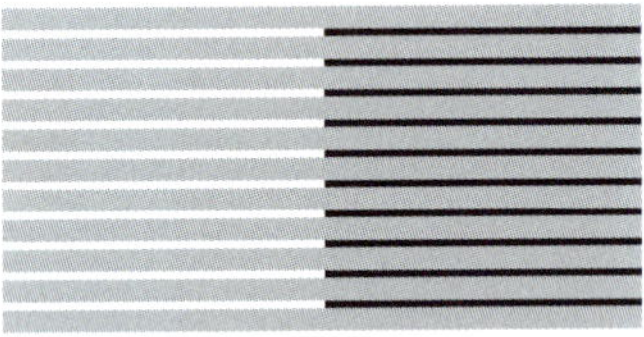

グレーの背景に、白と黒の細い線を入れてみました。白い線を入れた左側のグレーは明るく、黒い線を入れた右側のグレーは本来より暗く見えます。これは、それぞれが線の色と同化したからです。



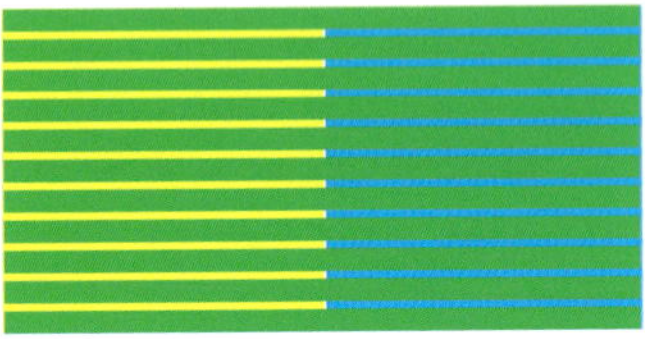

緑の背景に、黄の線と青の線を入れてみました。すると、緑はそれぞれの線の色に同化しているのがわかります。黄の線を入れた左側は黄みがかった緑に、青の線を入れた右側は青みがかった緑に見えます。

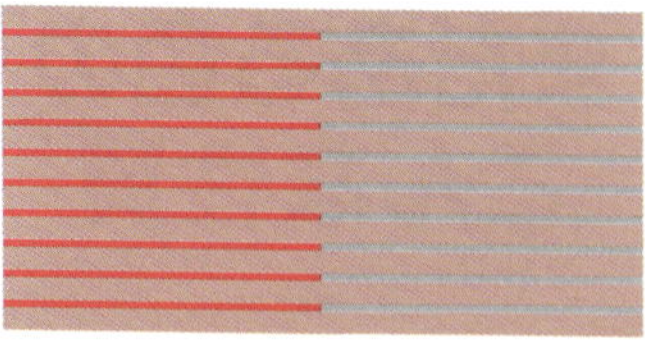

今度は、赤系の色の背景に、同じ赤系の線とグレーの線を入れてみました。すると、左側の赤は本来よりあざやかに、右側の赤はくすんだ赤に見えます。それぞれ、線の色と同化したためです。

## 同化を使った色のイタズラ

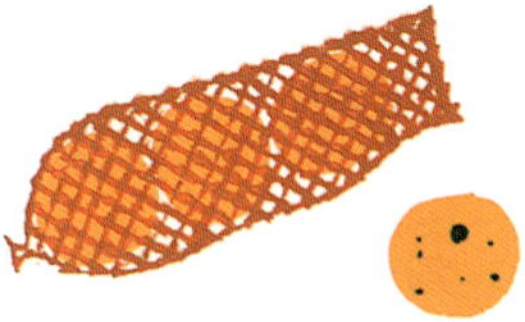

赤いネットに入ったみかんを買い、ネットから出したときに赤みが足りない感じがして「あれ？」と思ったことはありませんか？

これこそ、同化現象。赤いネットに入っていたときは、オレンジのみかんがネットの色に同化して、赤っぽく見えていたわけです。ストライプや網目など、地色に置かれる模様が細かく、地色とその色の色みや明度が近いほど、この現象は顕著で、みかんの例は、この条件にぴったり。

枝豆やオクラを緑のネットに入れて売っているのも、この効果を上手に利用している例です。

Lesson 8

# まだある色のこんな性質

同じ色でも、色の組み合わせによって見え方が変わるという例は、まだあります。この性質を利用した標識や広告もたくさんあります。

## 色の視認性

上の２つの配色では、どちらの文字が見やすいか・・・。もうこれは一目瞭然。左のほうがはっきりと見えます。

このように、同じ文字でも、遠くから見てはっきりと目立つ配色と､目につきにくい配色があります。目につきやすい配色を視認性が高いといいます。色と色の明るさ（明度）に差があるほど視認性は高くなります。上の配色では、左のほうが色の明るさに差があるわけです。下に視認性の高い順に配色パターンを並べてみましたが、いちばん高い配色は、踏切や交通標識に使われている配色です。

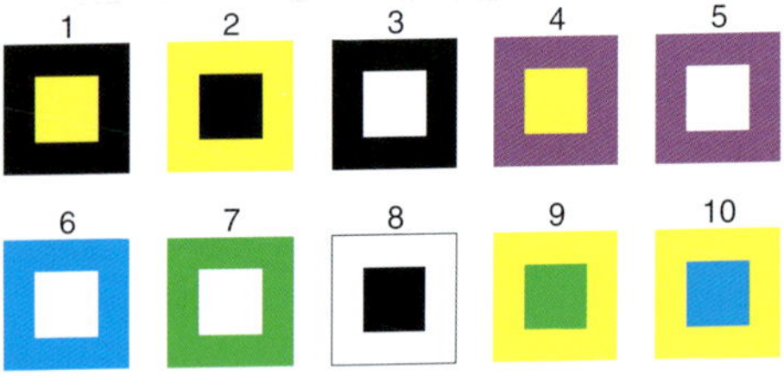

## 色の誘目性（注目性）

多くの色のなかで、より目立つ色、人の関心を引きつける色のことを、誘目性（注目性）の高い色といいます。これは、視認性とは違い、人の感情、心理に影響しているもので、一般的には赤や黄など暖色で、明度と彩度が高い色が目立ちます。でも、あざやかな色がたくさんある場面ではモノトーンのほうが目立ちますし、暗い色がたくさんあるときは、あざやかな色が目立ちます。このように、誘目性は組み合わせる色によっても、異なってきます。

### 郵便ポストが赤い理由

街角に立っている郵便ポストは、赤い色をしています。これには「一般的に誘目性の高い赤であれば、街中でも目立ちやすい」という理由があるのです。消火器や非常ボタンなどが赤い色をしているのも同じ理由です。

Lesson 9

# 配色の基本ルール

洋服の色合わせやインテリアなどで大切な色の組み合わせ。ルールやテクニックを押さえれば、誰でもきれいな配色ができるようになります。

## ルール1　どこに使うか、何に使うかを考えて

どの色を使うかを決める前に考えたいのは、どこに使うか、何に使うのかということ。色は人の心に影響を与えるため、まずは目的に合わせてどの色を使うのかを考えましょう。たとえば、落ち着いた環境にしたいのなら、それを演出できる色合わせが必要。そうすると、どんな配色がいいのか、けっこう絞られてきます。

## ルール2 統一感を持たせると、調和して見える

「きれいだな」と思わせる配色は、必ず何らかのルールに従って統一感を持たせています。たとえば、色みに統一感を持たせる。これは、赤系なら赤系の色だけを使うということ。統一感を持たせるには、いちばん簡単なルールといっていいでしょう。また、色みが違っても、明るさ（明度）やトーン（彩度）に統一感があれば、きれいな配色になります。

## ルール3 反対色を持ってきても、きれいな配色になる

色みに統一感を持たせる配色は、きれいだけどつまらない・・・。そう思う人もいるかもしれません。そんなときは、統一感のある「変化」を取り入れて色を調和させましょう。たとえば、反対色を使った配色。これは「対照の調和」といわれ、動きのある配色を楽しむことができます。

Lesson 10

# さまざまな配色テクニック

ここではさまざまな配色テクニックを覚えましょう。これを覚えておくと、ファッションやインテリアにも大いに役立ちます。

## アクセント

単調な配色の中にアクセントカラー（強調色）を少し入れることをアクセントといいます。引き締まった調和のとれた配色になります。

## コントラスト

色の明暗や強弱、あるいは反対色といったように、対照の性質を持った色同士の組み合わせによってバランスを取る配色をコントラストといいます。

### 色の明暗によるコントラスト

### 色の強弱によるコントラスト

### 反対色によるコントラスト

## グラデーション

グラデーションとは、色を徐々に変化させ、ぼかしていくこと。あるルールに従って変化させていくと美しいグラデーションができあがります。次の3つがよく見られるグラデーションのルールです。

### 色相グラデーション

明度と彩度が同じで色相が変わっていくもの。色鉛筆を順番に並べるときなど、いろいろな色みのものをきれいに並べるときに使います。

### 明度グラデーション

同じ色みのものを色の明るさ（明度）の順で並べていく方法。下の図は、左端がもっとも明度が低く、右にいくにつれて徐々に明度が高くなっています。

### 彩度グラデーション

同じ色みで明るさも等しい色を、くすんだ色からだんだんと冴えた色（純色）に近づけていく方法。下の図では、左端がもっともくすんでいて、右にいくほど純色に近づきます。

## レピテーション

何色かでひとつの柄をつくり、それを繰り返したり、反復させたりすることで、調和のとれた配色にしていくことをレピテーションといいます。

これを繰り返して……

これを繰り返して……

レピテーションはハンカチやスカーフ、お店の包装紙などによく使われるテクニックです。

## トーン・オン・トーン

青系だけ、赤系だけなど同じ色みでトーンが違う２～３色を使った配色。穏やかで安心できる配色になります。

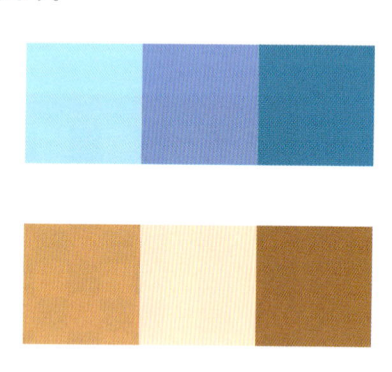

## トーン・イン・トーン

色みは違うけれどトーンは同じという配色です。トーン・オン・トーンに比べ、色みが増える分、楽しい配色になります。

## ナチュラルハーモニー

「自然な調和」ともいわれる配列で、私たちがもっともなじみやすい配色のこと。自然界の配色は、光のあたる明るい面は黄みが加わり、光のあたらない場所は青みがかっています。色相環上でも黄に近い色相を明るくすると、自然な配色に見えます。

## コンプレックスハーモニー

ナチュラルハーモニーとは反対の配色で、不協和配色とも呼ばれます。上の図と比べるとわかるように、黄系の色が暗くなり、赤系と青系の色が明るくなります。

## 色を利用して恋敵をやっつけよう!?

19世紀初めのフランスの皇帝ナポレオン・ボナパルト。「英雄、色を好む」といわれますが、ナポレオンも例外ではなく、美しい女性に興味があったといいます。

あるとき、ナポレオンはひそかに心を寄せている女性をパーティに招待することにしました。でもそのことを知ったナポレオンの妻、ジョセフィーヌが黙っているわけはありません。ジョセフィーヌは、事前に相手の女性のパーティドレスの色を調べ、その色が緑とわかると、会場の壁を同じ緑で塗ってしまったのです。

当日、緑のドレスを着て現れた女性は、壁の色に同化してしまい、魅力も半減。ナポレオンの熱も冷め、ジョセフィーヌの作戦勝ちとなったのです。

2

章

# 見て＆覚えて楽しい カラーシート118色

名前と色が一致するように、ここでは118色のカラーシートを用意しました。見ているだけでも楽しいけれど、ぜひ色の名前を覚えましょう。

# カラーシートの見方＆使い方

## 覚えると便利な118色を紹介

この章では118の色を紹介します。日本工業規格（JIS）の「物体色の色名」をもとに、覚えておくと役立つ色をピックアップしています。赤系の色といっても少しずつ違う色がありますし、外来語色名「レッド」と日本固有の伝統色「赤」では色合いに差があるのがわかります。名前と色を眺めながら、色のイメージをふくらませてみてください。

## 本書に登場する色名の色をチェック！

本書では、たくさんの色名が登場します。色名の後ろの数字はカラーシートの通し番号なので、このカラーシートでチェックしましょう。



## 切り取れば配色チェックもできる！

色の組み合わせの相性を知りたいときは、カラーシートを切り取って配色してみましょう。常にバッグの中に入れておけば、ショッピングのときにも役立つはず。

### カラーシートの見方

※色は主に「改訂版　慣用色名チャート」（（財）日本色彩研究所監修、日本色研事業（株）発行）に基づき、印刷の可能な範囲で再現してあります。

# 日本固有の
# 慣用色名62

伝統色から比較的新しい色名まで
日本固有の慣用色名です。

**1　とき色**
ときいろ

明るい紫みの赤
C0 M50 Y10 K0

**2　桜色**
さくらいろ

ごくうすい紫みの赤
C0 M10 Y5 K0

漢字やひらがなで表される日本固有の慣用色名には、植物や動物の名前がよく登場します。イメージがわきやすいだけでなく、その色の美しさが増すような、そんな優雅な響きを持つ慣用色名です。

3　**韓紅**
からくれない

あざやかな赤
C0 M75 Y45 K0

4　**珊瑚色**
さんごいろ

明るい赤
C0 M40 Y25 K0

5　**桃色**
ももいろ

やわらかい赤
C0 M55 Y25 K0

6　臙脂
えんじ

つよい赤
C0 M80 Y50 K30

7　赤
あか

あざやかな赤
C0 M100 Y80 K0

8　朱色
しゅいろ

あざやかな黄みの赤
C0 M75 Y60 K0

9　小豆色
あずきいろ

くすんだ黄みの赤
C0 M60 Y40 K50

10　赤茶
あかちゃ

つよい黄赤
C0 M70 Y70 K30

11　黄丹
おうに

つよい黄赤
C0 M65 Y75 K0

12　柿色《かきいろ》

つよい黄赤
C0 M70 Y80 K0

13　栗色《くりいろ》

暗い灰みの黄赤
C0 M70 Y80 K65

14　煉瓦色《れんがいろ》

暗い黄赤
C0 M70 Y70 K35

**15　黄茶**
きちゃ

つよい黄赤
C0 M60 Y80 K10

**16　肌色**
はだいろ

うすい黄赤
C0 M15 Y25 K0

**17　橙色**
だいだいいろ

あざやかな黄赤
C0 M65 Y100 K0

18　茶色
ちゃいろ

暗い灰みの黄赤
C0 M60 Y70 K50

19　杏色
あんずいろ

やわらかい黄赤
C0 M35 Y40 K0

20　小麦色
こむぎいろ

やわらかい赤みの黄
C0 M40 Y60 K10

21　琥珀色
こはくいろ

くすんだ赤みの黄
C0 M50 Y72 K30

22　卵色
たまごいろ

明るい赤みの黄
C0 M30 Y60 K0

23　山吹色
やまぶきいろ

あざやかな赤みの黄
C0 M35 Y100 K0

24　黄土色《おうどいろ》

くすんだ赤みの黄
C0 M35 Y70 K30

25　朽葉色《くちばいろ》

灰みの赤みを帯びた黄
C0 M30 Y55 K55

26　黄色《きいろ》

あざやかな黄
C0 M15 Y100 K0

27　鶯色
うぐいすいろ

くすんだ黄緑
C5 M0 Y70 K55

28　抹茶色
まっちゃいろ

やわらかい黄緑
C10 M0 Y60 K25

29　黄緑
きみどり

あざやかな黄緑
C35 M0 Y100 K0

## 30　若草色《わかくさいろ》

あざやかな黄緑
C30 M0 Y90 K0

## 31　草色《くさいろ》

くすんだ黄緑
C30 M0 Y70 K50

## 32　若葉色《わかばいろ》

やわらかい黄緑
C30 M0 Y50 K10

33　緑
みどり

明るい緑
C70 M0 Y70 K0

34　深緑
ふかみどり

こい緑
C80 M0 Y60 K50

35　萌葱色
もえぎいろ

暗い緑
C100 M0 Y85 K60

36　青竹色
あおたけいろ

やわらかい青緑
C50 M0 Y40 K10

37　白群
びゃくぐん

やわらかい緑みの青
C50 M0 Y20 K0

38　水色
みずいろ

うすい緑みの青
C30 M0 Y10 K0

39　空色《そらいろ》

明るい青
C40 M0 Y5 K0

40　青《あお》

あざやかな青
C100 M5 Y0 K10

41　藍色《あいいろ》

暗い青
C70 M20 Y0 K55

### 42 濃藍《こいあい》

ごく暗い青
C80 M60 Y0 K70

### 43 露草色《つゆくさいろ》

あざやかな青
C70 M20 Y0 K0

### 44 瑠璃色《るりいろ》

こい紫みの青
C90 M70 Y0 K0

45　紺色
こんいろ

暗い紫みの青
C80 M60 Y0 K50

46　群青色
ぐんじょういろ

こい紫みの青
C75 M55 Y0 K0

47　桔梗色
ききょういろ

こい青紫
C75 M70 Y0 K0

48　藤色
ふじいろ

明るい青紫
C30 M25 Y0 K0

49　青紫
あおむらさき

あざやかな青紫
C70 M80 Y0 K0

50　菖蒲(しょうぶ)色
しょうぶいろ

あざやかな青みの紫
C65 M80 Y0 K0

51　紫
むらさき

あざやかな紫
C55 M80 Y0 K0

52　茄子紺
なすこん

ごく暗い紫
C40 M70 Y0 K70

53　菖蒲(あやめ)色
あやめいろ

明るい赤みの紫
C20 M60 Y0 K0

**54　牡丹色**
ぼたんいろ

あざやかな赤紫
C5 M75 Y0 K0

**55　赤紫**
あかむらさき

あざやかな赤紫
C0 M70 Y0 K0

**56　白**
しろ

白
C0 M0 Y0 K0

57　象牙色
ぞうげいろ

黄みのうすい灰色
C0 M2 Y10 K5

58　鼠色
ねずみいろ

灰色
C0 M0 Y0 K55

59　鉛色
なまりいろ

青みの灰色
C3 M0 Y0 K65

60 灰色《はいいろ》

灰色
C0 M0 Y0 K65

61 墨《すみ》

黒
C0 M0 Y0 K90

62 黒《くろ》

黒
C15 M15 Y15 K100

## カタカナ表記される
# 慣用色名56

明治以降、日本に定着した外来語色名です。

### 63 ローズレッド
rose red

あざやかな紫みの赤
C0 M75 Y15 K0

### 64 ルビーレッド
ruby red

あざやかな紫みの赤
C10 M100 Y30 K10

カタカナで表される色は、おもに英語の色名で日本に定着したものです。日本固有の色名と同様、動植物に由来する名前がたくさんあります。色の名前の由来や意味を知ることで、その国の文化にも触れることができます。

## 65　ローズピンク
rose pink

明るい紫みの赤
C0 M55 Y25 K0

## 66　ワインレッド
wine red

こい紫みの赤
C0 M80 Y30 K35

## 67　ローズ
rose

あざやかな赤
C0 M80 Y45 K0

68　ストロベリー
strawberry

あざやかな赤
C0 M95 Y30 K5

69　コーラルレッド
coral red

明るい赤
C0 M60 Y40 K0

70　ピンク
pink

やわらかい赤
C0 M45 Y20 K0

### 71 カーマイン
carmine

あざやかな赤
C0 M100 Y70 K10

### 72 レッド
red

あざやかな赤
C0 M80 Y60 K0

### 73 ボルドー
bordeaux

ごく暗い赤
C0 M70 Y40 K70

74　マルーン
maroon

暗い赤
C0 M80 Y60 K70

75　スカーレット
scarlet

あざやかな黄みの赤
C0 M80 Y80 K0

76　サーモンピンク
salmon pink

やわらかい黄みの赤
C0 M45 Y40 K0

## 77　キャロットオレンジ
carrot orange

つよい黄赤
C5 M70 Y80 K0

## 78　チョコレート
chocolate

ごく暗い黄赤
C0 M60 Y55 K70

## 79　ココアブラウン
cocoa brown

暗い灰みの黄赤
C0 M50 Y30 K50

80　ピーチ
peach

明るい灰みの黄赤
C0 M25 Y30 K0

81　オレンジ
orange

あざやかな黄赤
C0 M65 Y100 K0

82　ブラウン
brown

暗い灰みの黄赤
C0 M40 Y40 K55

83　アプリコット
apricot

やわらかい黄赤
C0 M35 Y55 K0

84　タン
tan

くすんだ黄赤
C0 M50 Y70 K30

85　コルク
cork

くすんだ赤みの黄
C0 M35 Y50 K30

86　ブロンズ
bronze

暗い赤みの黄
C0 M50 Y80 K40

87　ベージュ
beige

明るい灰みの赤みを帯びた黄
C5 M20 Y30 K10

88　セピア
sepia

ごく暗い赤みの黄
C0 M60 Y60 K75

89　ブロンド
blond

やわらかい黄
C0 M25 Y50 K10

90　イエロー
yellow

あざやかな黄
C0 M10 Y100 K0

91　クリームイエロー
cream yellow

ごくうすい黄
C0 M5 Y35 K0

92　オリーブ
olive

暗い緑みの黄
C0 M10 Y80 K70

93　レモンイエロー
lemon yellow

あざやかな緑みの黄
C0 M0 Y75 K0

94　アップルグリーン
apple green

やわらかい黄みの緑
C40 M0 Y55 K0

## 95　ミントグリーン
mint green

明るい緑
C50 M0 Y50 K0

## 96　グリーン
green

あざやかな緑
C80 M0 Y80 K0

## 97　コバルトグリーン
cobalt green

明るい緑
C70 M0 Y65 K0

98　エメラルドグリーン
emerald green

つよい緑
C80 M0 Y75 K0

99　ターコイズブルー
turquoise blue

明るい緑みの青
C80 M0 Y20 K0

100　マリンブルー
marine blue

こい緑みの青
C100 M0 Y15 K50

101　シアン
cyan

明るい青
C100 M0 Y0 K0

102　スカイブルー
sky blue

明るい青
C40 M0 Y5 K0

103　サックスブルー
saxe blue

くすんだ青
C60 M0 Y3 K40

104　ブルー
blue

あざやかな青
C100 M40 Y0 K0

105　アイアンブルー
iron blue

暗い紫みの青
C80 M60 Y0 K60

106　ミッドナイトブルー
midnight blue

ごく暗い紫みの青
C80 M50 Y0 K80

107　ネービーブルー
navy blue

暗い紫みの青
C70 M50 Y0 K70

108　オリエンタルブルー
oriental blue

こい紫みの青
C90 M75 Y0 K0

109　パンジー
pansy

こい青紫
C80 M80 Y0 K0

110　バイオレット
violet

あざやかな青紫
C75 M80 Y0 K0

111　ラベンダー
lavender

灰みの青みを帯びた紫
C35 M30 Y10 K0

112　パープル
purple

あざやかな紫
C45 M60 Y0 K0

113　マゼンタ
magenta

あざやかな赤紫
C0 M100 Y0 K0

114　ホワイト
white

白
C0 M0 Y0 K0

115　アイボリー
ivory

黄みのうすい灰色
C0 M5 Y10 K5

116　アッシュグレイ
ash grey

灰色
C0 M0 Y3 K50

117　グレイ
grey

灰色
C0 M0 Y0 K65

118　チャコールグレイ
charcoal grey

紫みの暗い灰色
C5 M15 Y0 K85

# 3章

# ファッション＆メイクに役立つカラー活用術

毎日、身につける洋服やメイクの色についてもレッスンすれば、センスアップ間違いなし。基本は簡単。一度覚えてしまえば、ずっと役立ちます。

Lesson 1

# ファッションの色づかい 3つのポイント

「センスがいい人」っていわれたいですよね。では、ファッションセンスをよくするには？　それは色がポイントです！

## ポイント1

### 自分に「似合う色」を使ってコーディネイトする



ファッションで大切なのは「自分に似合う洋服を身につけること」。それは色に関しても同じです。どんなに好きな色でも、残念ながら似合わない色はあるし、その反対もあります。さらに、自分の体型の悩みも色によって解決できることも。自分に似合う色を見つけるには、Lesson７を、体型カバーの色はLesson５を参考にしてみましょう！

## ポイント2

### 配色ルールを押さえてコーディネイトする

洋服のコーディネイトの大きな部分を占めるのは、実は色。色の組み合わせが上手だと、それだけでセンスの良さが感じられるものです。「この色に合うのはどの色なの？」と毎日、悩まなくてもいいように、配色ルールを覚えてしまいましょう。配色の基本ルールは、Lesson2でチェック！

## ポイント3

### TPOに合わせたコーディネイトする

時と場合にふさわしい装いを求められることがありますが、色にもTPOはあります。身につける色によって、相手に好印象を与えられる人になりましょう。色のTPOを学べるのはLesson3&4&6。色づかいを工夫するだけでイメージアップを図れるなら、それを利用しない手はありません！

Lesson

2

# 色の組み合わせ

コーディネイトで頭を悩ますのは、色の組み合わせ。「このボトムに合うシャツは？」などと鏡の前で迷わない、基本法則を紹介します。

## ルール 1 同系色の濃淡で全体をまとめる

ほかの色を加えずに同系色の濃淡だけで組み合わせれば、まとまりのある落ち着いた雰囲気に。明るい配色にすれば、やさしいロマンティックな感じやエレガントな雰囲気が演出できます。反対に、暗い配色にすれば、落ち着いたシックな大人の雰囲気にまとまります。

## ルール2 配色バランスは面積でコントロールする

暖色やあざやかな色は目に訴える力が強いので小さな面積に、逆に寒色や濁った色は大きな面積にすると、一般的に色のバランスが取りやすくなります。

あざやかな色同士を組み合わせたい場合、お互いの自己主張が強いため、３対７や２対８のように、どちらかの色を大きく使うと、色と色がケンカせずバランスよく仕上がります。



## ルール3 はっきりした色同士でインパクトを与える

インパクトを与えたいときは、あえてはっきりとした色同士を組み合わせるのも○。「赤＋緑」「赤＋黒」といった組み合わせはメリハリの効いたダイナミックな配色です。このとき、その色が人に与えるイメージをうまく使うと、より効果的です（色のイメージは136～145ページ参照）。

Lesson 3

# 色を上手に使って イメージアップ！

**色は使い方次第でいろんなイメージを与える不思議な道具。そんな色の力を借りれば、自分のめざすイメージを演出することもできます。**

仕事やプライベートで
「アピールしたいイメージ」があるときは、
色をポイントにコーディネイトしてみて。
たとえば･･･



★かわいらしさをアピールしたい…… ピンク

★無邪気さをアピールしたい………… 黄

★清潔感をアピールしたい…………… 白

★大人っぽさを出したい……………… 紫

★素直そうな人と思われたい………… 緑

★活発さをアピールしたい…………… 赤

★さわやかさをアピールしたい……… 水色

★誠実さをアピールしたい…………… 茶

★やさしさを感じてもらいたい……… オレンジ

そのほかにも、

**★気分転換を図りたい……………………** 青

**★はっきりとモノをいいたい…………** 黒

**★ほどほどの距離感でつきあいたい…** グレー

このように相手やシチュエーションを考えて、
メインの色選びはひと工夫してみましょう。

では、次ページからは、もっと色を味方につけるために、それぞれの色の持つ個性を見ていきましょう。

### 無実を訴えるときに有効な色は？

アメリカ人は、自己アピールするために、色の心理効果を利用するのが上手といわれます。その一例として、裁判の場で、被告人が無罪を主張するためにパステルトーンの黄系の服を着ることがあるそうです。

パステルトーンの明るく淡い黄には、無垢なイメージがあり、「自分は無実」ということを色を使ってアピールしているのです。

Lesson 4

色別

# 効果的なとき&避けたほうがいいとき

心に影響を与える色は、プラスにもマイナスにも働きます。色の個性を知り色を味方につけましょう。

## 赤の個性

強さ、エネルギー、自発性などアクティブな色。活発さをアピール



### 効果的なとき

赤は気持ちを前向きにさせる色。疲れて無気力なときや、スポーツで競争心を駆り立てたいときなどに赤は有効。クリエイティブな才能が要求される人は、感性を鋭くするために身につけるのもいいかも。赤の中でもカーマイン71は、そのパワーが強い色です。

### 避けたほうがいいとき

イライラしている、怒りっぽいというときに赤色を身につけるのは逆効果。一気に爆発してしまうことも。なかでも栗色13は、ネガティブなとらえ方をすると「被害者意識を生む」色。自分が犠牲的な立場にいると感じているときは、避けたほうが無難。

### 相性のいい色

カラーシートでチェック!

レッド72…チョコレート78、グレイ117
ボルドー73…ピーチ80、カーマイン71
韓紅3…小豆色9、濃藍42

## ピンクの個性

**かわいらしさ、やさしさ、女性らしさ、平和的な色。精神的な充足感をもたらす**

### 効果的なとき

かわいらしさを相手にアピールしたいときに効果を発揮するのがピンク。「やさしい気持ち」を持ちたいと願っているときにもこの色は有効で、身につけていると相手を思いやる気持ちが生まれ、自分自身にもやさしくなれます。なかでも、珊瑚色4やローズピンク65は「無私の愛」に包まれたような気持ちに。

プレッシャーを和らげ、素直に楽しみたいときは、ストロベリー68やローズレッド63が有効。



### 避けたほうがいいとき

他人に依存しがちな心理状態のときは避けるべき。あなたの自立心のなさに手を焼いている上司や彼に会う際、ピンクを着ると、相手に頼ってしまいやすくなり、さらに評価が下がる危険も。

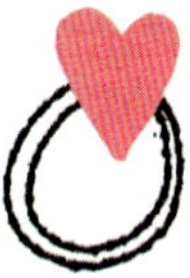

### 相性のいい色

カラーシートでチェック!

**ピンク70**…・マルーン74、ベージュ87
**ローズピンク65**…ブラウン82、パンジー109
**珊瑚色4**…オリエンタルブルー108、ネービーブルー107

## オレンジの個性

**やさしさ、思いやり、明るさ、解放感を与える色。自立心を高めてくれる**

### 効果的なとき

明るさや解放感など前向きなパワーを持つオレンジは、失望しているとき、明るさや喜びを求めているときに身につけると効果的。シリアスな雰囲気になりそうなシーンでも、周りの人の感情を和らげてくれる力があります。

また、自立心を高めてくれる効果もあるため、ネガティブな自己イメージを払拭したいときもオレンジの力を借りてみましょう。なかでも柿色12は、新しい自分を見つけたい人におすすめ。



### 避けたほうがいいとき

「仕事がぜんぜんうまくいかない」「彼の本心がわからない」など、精神的に混乱しているときは避けたほうがいい色。欲求不満を強く感じているときもNG。また、吐き気を感じているなど、気分が悪い場合、さらにその気持ちを強めてしまいます。二日酔いの日は、オレンジの服は避けましょう。

### 相性のいい色

カラーシートでチェック！

**オレンジ81**…チョコレート78、ブラウン82
**アプリコット83**…ネービーブルー107、サックスブルー103
**柿色12**…鶯色27、小麦色20

## 黄の個性

**理性、判断力、自信を高めてくれる一方、自己中心的な考えを増幅させる面も**

### 効果的なとき

冷静な判断が必要なときや中立の立場や周囲との距離を保ちたいときは黄の力がサポートしてくれます。また、理性的に考えたい、記憶力を高めたいときにも効果的なので、ビジネスシーンでも力を発揮します。面接の際は、ダークグレーや紺のスーツに控えめなゴールドのアクセサリーを使うと好印象。うちなる智恵を目覚めさせるには、ゴールドです。

### 避けたほうがいいとき

自己中心的な考えを増幅させる面もあるので、心が苛立っているときに着ると物事を過度に批判しがち。苛立ちや嫌悪感も増幅させてしまいます。とくにあざやかな黄にその傾向が強く、レモンイエロー93など黄緑がかった黄は弱めです。

### 相性のいい色

カラーシートでチェック!

**イエロー90**…ブロンド89、サックスブルー103
**山吹色23**…ココアブラウン79、アイボリー115
**クリームイエロー91**…ミントグリーン95、マリンブルー100

## 青の個性

**リラックス効果、沈静作用にすぐれる。誠実さや英知もアピール**

### 効果的なとき

ゆっくりと静かにリラックスしたいときや緊張をほぐしたいときに効果を発揮します。精神的に疲れを感じているときもブルーのアイテムはおすすめ。なかでも水色は、緊張し、神経を使う場面に身につけていくと、気持ちの高揚をおさえ、勇気を与えてくれます。

### 避けたほうがいいとき

気持ちを静めてくれる青は、落ち込んでいるときや気分がすぐれない日に着用すると、さらに落ち込んでしまう恐れが。そんなときは、青系の色は避けたほうが無難。

また、誠実で律義というイメージを与えやすく、感情に乏しくなりがちなので、積極的に活動したいときも避けたほうがいいです。

### 相性のいい色

カラーシートでチェック!

**青40**…アイボリー115、スカイブルー102
**藍色41**…肌色16、クリームイエロー91
**ターコイズブルー99**…ブラウン82、桃色5

## 緑の個性

**調和や素直、幸福感。穏やかで平和的なイメージを演出**

### 効果的なとき

グリーン系の色が効果を発揮するのは、少し情緒が不安定なとき。優柔不断になっていたり、ナーバスになっているときに着ることをおすすめします。

アップルグリーン94は、健康と幸福と新しい出来事を象徴する色。青みを帯びた緑は楽天的な気分にしてくれ、自分自身や他人を信頼する気持ちをアップさせます。また、自然の植物のようにあざやかな緑は、理解力を深め、周囲と助け合う力を引き出してくれます。ケンカ中だった彼と仲直りしたいという人は、緑の装いで素直な自分を引き出して。



### 避けたほうがいいとき

大胆な決断や行動が必要な日は避けたほうが○。仕事で上司と対決しなければいけない、なんて日にもおすすめできません。なんといっても緑は「調和の色」。強い態度で臨むつもりが、のんびり平和ムードをただよわせてしまい…なんて可能性もあります。

**相性のいい色**

カラーシートでチェック!

**緑33**…ココアブラウン79、レモンイエロー93
**若草色30**…深緑34、ブロンズ86
**アップルグリーン94**…ターコイズブルー99、パンジー109

## 紫の個性

**高貴、神秘、優雅というイメージを与える。平和と静けさをもたらす力もある**

### 効果的なとき

パープルは、なんのわだかまりもなく、愛と平和を望むときにふさわしい色。静けさをもたらしてくれるので、瞑想などココロを集中させる必要がある際にもおすすめです。

また、紫はココロをオープンにする力があり、創造的なエネルギーが働くためのチャンネルをつくり出します。

### 避けたほうがいいとき



規則に縛られすぎてフラストレーションがたまっていたり、過度に周囲の反応を意識してしまうときにあざやかな紫はタブー。何か心配事がある時期も、紫を身につけたことがきっかけとなり、情緒不安定になる可能性が。

### 相性のいい色

カラーシートでチェック!

**パープル112**………ブロンド89、ピンク70
**バイオレット110**…グレイ117、ミントグリーン95
**藤色48**……………菖蒲(あやめ)色53、コルク85

## 白の個性

**与えるイメージは清潔、純粋、潔白、神聖など。気持ちをニュートラルにしてくれる**

### 効果的なとき

白にはココロをニュートラルな状態にする力があるので、新たなスタートを切りたいときや、ちょっと立ち止まって考えたいときなどに効果的。洞察力が必要になっている時期は、意識的に白を着てみて。現実逃避や甘えの気持ちが強いときには、ポジティブに現実を受け止めるパワーを与えてくれます。

### 避けたほうがいいとき

さみしいときや孤立感が強いときは、白を着るのは避けたほうが無難。大きな決断を下すときも、白色にはそれをサポートする力がありません。

### 別の色の個性を引き出すのが白色

白は単独ではなく、別の色と組み合わせると、その色の効果を引き出します。

たとえば、黄と組み合わせると、会話を弾ませ、コミュニケーションを円滑にする力を引き出します。ピンクと合わせると、人生に愛をもたらします。青であれば相手を理解する気持ち、オレンジなら強い行動力etc･･･白を身につけるときは合わせる色の個性も思い出して。

## 黒の個性

**威圧感、威厳、強さをアピール。絶望、罪、死、悲哀といったネガティブなイメージも**

### 効果的なとき

黒は無言の威圧感を持っている色。等身大の自分に自信がないとき、その不安をカバーしてくれます。不安を抱えつつ大事な会議に出席するときには、黒や紺のスーツがいいでしょう。

### 避けたほうがいいとき

死や悲哀のイメージを持つ色なので、パーティなど華やかな席に出席するときは、黒一色は避けます。ドレスは黒でも、アクセサリーや小物類に明るい色を組み合わせましょう。

また、物理的に黒はすべての光を遮断してしまう性質があるため、「すべての色を受け入れたくない意思表示」の色にもなります。自分の世界に閉じこもってしまいがちな色なので、気分が落ち込んでいるときは控えましょう。

**相性のいい色＆悪い色はとくになし**

## グレーの個性

**誠実、平静といったイメージがある。
一方、平凡、控えめな印象も与える**

### 効果的なとき

黒と白を組み合わせてつくるグレーには、誠実というイメージが強く、ビジネスシーンで使いたい色。まじめさや中立といった印象を与えることができます。客観的に物事を判断したいときなどにはとくに有効です。また、あまり個性が強くないため、控えめを心がけたいときにも効果的。

### 避けたほうがいいとき

前向きで活発なイメージがないため、不安を感じているときは避けたほうがいい色。グレーの力に引きずられ、積極的な気持ちになれません。華やかさに欠けるため、お祝い事の席にも向きません。



**相性のいい色＆悪い色はとくになし**

# 体型の悩みは色でカバー

「ちょっと太り気味」「背が低い」といった気になる体型の悩みも、色の力を借りてカバーしてしまいましょう。

## 太っている

GOOD! ●…黒 ●…紺 ●…こげ茶



### 収縮色を使う

色には膨張色と収縮色があります。ぽっちゃり型におすすめなのは収縮色。収縮色の特徴は、「寒色系で低明度、低彩度」、簡単にいえば黒に近い紺やこげ茶といった暗い色合いです。

### 膨張色も使いたいときは？

淡いピンクやクリーム色などを使いたいときは縦のラインを強調します。ボーダーより縦のストライプがおすすめ。また、同じ色でも曲線より直線のほうがシャープなイメージを出すので、クルーネックよりもVネック、フレアスカートよりプリーツスカートのほうが細く見えます。

### 「下半身デブ」や「ウエストが太い」などは？

脚が太いという人は、ボトムに収縮色を。下半身をすっきり引き締めて見せることができます。「くびれたウエスト」を演出したいときは明るい色の洋服に、太めの収縮色のベルトが効果的です。

## やせている

GOOD! …クリーム色、パステルカラー

### 膨張色を使う

膨張色は、「暖色系で高明度、高彩度」の色のこと。パステルカラーやクリーム色など明るく淡い色です。ピンクが好きな人は、ビビッドなものより、白に近いものを選ぶのが正解。

## 背が高い＆低い

### トップスの色と面積がポイント

少しでも背を高く見せたい人は、あざやかな色を上のほうに持ってくるのがポイント。また、その色の面積を小さくすると、よりすっきり見せることができます。柄ものを着るときは、大きな柄ものより、細かい柄やシンプルなデザインがおすすめ。反対に背が高いのが悩みという人は上下の面積比１対１を心がけると、背の高さが目立ちにくくなります。

## バストが大きい＆小さい

### 柄の大きさに気をつけて

暖色系は大きく見せ、寒色系は小さく見せるのが基本ですが、柄選びもポイント。縞模様の場合、胸を大きく見せたいならボーダーよりストライプのほうが、胸のふくらみをアピール。また同じ縦のストライプでも太めのものを選ぶと、色の印象が強くなり、ボリューム感が出ます。花柄などは、大きい柄のものは存在感をアピールするため胸を大きく見せます。小さく見せたい人は、小さい柄のものを選ぶのが正解。

Lesson 6

# ビジネスシーンで役立つ色づかい

人のココロに与える影響が大きい色の力は、仕事にも使わないと損。シーンに合わせて使いこなし、しっかり成果をあげましょう。

## 知的に見せてくれる色とは？

GOOD! …紺 …グレー



ビジネスシーンで活躍する色といえば、紺やグレー。とくにオフィス勤めの人なら、会議や社外の人と会う場合は、紺やグレーのスーツを選ぶことが多いはず。スーツの代表色である紺には、知的で仕事ができる人に見せる効果があるし、グレーは節度ある距離感を相手に与える効果があるのです。

## やる気を見せたいときは？

**GOOD!** ●…紺 ●…グレー ＋ ●…赤

今日は大事な会議があるというときは、紺やグレーのスーツに、ネクタイやカフス、あるいは時計のベルトなどに赤い色を取り入れて。気持ちを奮いたたせてくれるうえ、相手にも意欲を伝えることができます。

## 親しみやすさをアピールしたいときは？

**GOOD!** ソフトで明るい色

多くの人と接する仕事に就いている人は、好感が持てる親しみやすい色を使うのがポイント。ピンクならローズレッド63より桜色2、黄なら山吹色23よりクリームイエロー91というように、はっきりした色よりもソフトで明るい色を身につけましょう。

# 自分に本当に似合う色

誰にでもあるはずの「好きな色」。でも、好きな色と似合う色は、はたして同じ？ ここではあなたに「似合う色」を探してみます。

## テストA カラーチェックシート

あてはまる項目に○をつけましょう。

| | | |
|---|---|---|
| 1 | シャツはクリーム色よりまっ白のほうが顔映りがいい | |
| 2 | 黄やオレンジを顔に近づけると顔が暗く見える | |
| 3 | お酒を飲むと顔が赤くなるほう | |
| 4 | 寝起きでも顔の血色がいいほう | |
| 5 | 口紅はピンクやローズ系にするとよく映える | |
| 6 | 色は白いほう | |
| 7 | ベージュとグレーならグレーのほうが肌になじむ | |
| 8 | 腕の内側の肌はほんのりピンク | |
| 9 | 手のひらの色は手の甲に比べて赤みがある | |
| 10 | 日焼けしてもすぐに白く戻る | |

合 計 …… ／10

## テストB 行動&インパクトチェックシート

あてはまる項目に○をつけましょう。

| | | |
|---|---|---|
| 1 | 目は大きいほう（二重） | |
| 2 | 瞳の色は茶より黒に近い | |
| 3 | 眉はどちらかといえば濃いほう | |
| 4 | 顔立ちは派手なほう | |
| 5 | どちらかといえば鼻は大きいほう | |
| 6 | 口は大きいほうか、普通ぐらい | |
| 7 | 現在の髪の色は茶より黒に近い | |
| 8 | いつもリーダー的な存在だ | |
| 9 | スポーツ好きでアウトドア派 | |
| 10 | おしゃべり上手で友人は多い | |

合 計…… ／10

### ズバリあなたのタイプは

| | テストB 6〜10点 | テストB 0〜5点 |
|---|---|---|
| テストA 6〜10点 | 冬タイプ | 夏タイプ |
| テストA 0〜5点 | 春タイプ | 秋タイプ |

例）
テストAが4点、
テストBが5点の
場合は秋タイプ。

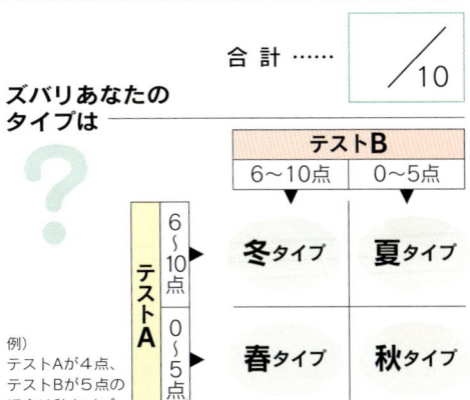

# 春
## タイプの人

髪の毛や瞳はどちらかというとブラウン系。肌は透明感があり、年齢より若く見えるタイプです。このタイプに合うカラーは、くすみのない色。くすんだ色は明るい肌の色を不健康に見せるので、メイクも透明感のある爽やかな印象に仕上げて。



### ベストカラー

| | | | | |
|---|---|---|---|---|
| スカーレット 75 | 瑠璃色 44 | マラカイトグリーン | 山吹色 23 | さび色 |
| オレンジ 81 | るり紺 | グリーン 96 | うこん | ひわだ色 |
| アプリコット 83 | オリエンタルブルー 108 | アップルグリーン 94 | 卵色 22 | 栗色 13 |
| コーラルレッド 69 | 群青色 46 | 若草色 30 | 黄色 26 | ローアンバー |
| ピンク 70 | ウイスタリア | 萌葱色 35 | イエロー 90 | カーキー |
| べにかば色 | ターコイズブルー 99 | 若葉色 32 | クリームイエロー 91 | イエローオーカー |
| ローズ 67 | スカイブルー 102 | | | |

※各カラーの右下の番号はカラーシートの通し番号に対応しています。

## 春タイプに似合うメイク＆アイテム

### メイクカラー

ファンデーション……　黄みがかったベージュ

アイシャドー…………　ライトブラウン

イエローベージュ

リップ＆チーク………　コーラルピンク

オレンジレッド



### バッグ＆靴＆小物

**基本**（メインカラー）

ブラウン　コルク　紺

**セカンド**（アクセント）

グレー　アイボリー

### アクセサリー

◆ゴールド
◆さんご
◆トルコ石
◆ダイヤモンド
◆イエローサファイア

# 夏
## タイプの人

ピンクがかった肌としっとりツヤのある黒髪を持つタイプで、エレガントで上品な雰囲気をかもし出しています。そんな夏タイプは、水色、うすいピンクなどパステルカラーが似合います。メイクも全体的にピンクを基調に、ふんわりとやさしい印象に仕上げるのが○。こい＆派手な色は、逆に顔色をくすませてしまうので避けましょう。

### ベストカラー

| | | | | |
|---|---|---|---|---|
| 紅えび茶色 | スカイブルー 102 | ネービーブルー 107 | アップルグリーン 94 | 朽葉色 25 |
| とび色 | ヒヤシンス | オリエンタルブルー 108 | ミントグリーン 95 | バフ |
| 小豆色 9 | サックスブルー 103 | ウイスタリア | クリームイエロー 91 | 黄土色 24 |
| オーキッド | ホリゾンブルー | なんど色 | ごふん色 | たいしゃ |
| ライラック | ベビーブルー | あさぎ色 | 象牙色 57 | らくだ色 |
| ローズピンク 65 | ヘリオトロープ | 白群 37 | | パールグレー |
| オールドローズ | ラベンダー 111 | | | |

※各カラーの右下の番号はカラーシートの通し番号に対応しています。

## 夏タイプに似合うメイク＆アイテム

### メイクカラー

ファンデーション……ピンクベージュ

アイシャドー…………ラベンダー

ローズブラウン

リップ＆チーク………ローズピンク、レッド

ローズレッド

### バッグ＆靴＆小物



**基本**（メインカラー）

グレー　紺　オフホワイト

**セカンド**（アクセント）

ワインレッド　ローズブラウン

### アクセサリー

◆シルバー
◆プラチナ
◆ガーネット
◆サファイア
◆ひすい
◆アメシスト

# 秋
## タイプの人

髪と瞳はダークブラウンで、大人っぽく都会的な印象。落ち着いたイメージを与えます。肌の色は小麦色で、頬や唇にあまり赤みがないのも特徴で、ブラウン系やくすんだ緑、マスタード色などを身につけると知的で成熟した印象に。メイクは、ブラウンやオレンジ系などのこい色で、シックを心がけて。パステルカラーは避けて。

### ベストカラー

※各カラーの右下の番号はカラーシートの通し番号に対応しています。

## 秋タイプに似合うメイク＆アイテム

### メイクカラー

ファンデーション……オークル系

アイシャドー…………モスグリーン

カーキー

リップ＆チーク………サーモンピンク

オレンジ

### バッグ＆靴＆小物



**基本**（メインカラー）

ダークブラウン　コルク　ベージュ

**セカンド**（アクセント）

オリーブ　アイボリーホワイト

### アクセサリー

◆ゴールド
◆オパール
◆こはく
◆さんご

# 冬
## タイプの人

黒髪に色白肌の持ち主で、はっきりとした顔立ちのタイプです。色あざやかなイメージがあり、赤、緑、青などの原色や個性的なモノトーンや黒もばっちり着こなせそう。ファンデーションは黄みの少ないベージュ、アイシャドーはメリハリをつけた色づかいにすれば、さらに魅力はアップ。黄や茶系は、老けて見えがちなので注意。

### ベストカラー

| | | | | |
|---|---|---|---|---|
| 75 スカーレット | 41 藍色 | 99 ターコイズブルー | シーグリーン | ブラック |
| テラコッタ | わすれな草色 | さび色 | バーントアンバー | 59 鉛色 |
| 76 サーモンピンク | 露草色 | ひわだ色 | ローアンバー | 利休ねずみ |
| 74 マルーン | 107 ネービーブルー | 110 バイオレット | 93 レモンイエロー | 117 グレイ |
| 15 黄茶 | ウルトラマリンブルー | ビリジアン | 115 アイボリー | 116 アッシュグレイ |
| チェリーピンク | 108 オリエンタルブルー | ビリヤードグリーン | スノーホワイト | パールグレイ |
| 53 菖蒲（あやめ）色 | 100 マリンブルー | | | |

※各カラーの右下の番号はカラーシートの通し番号に対応しています。

## 冬タイプに似合うメイク＆アイテム

### メイクカラー

ファンデーション…… 黄みの少ないベージュ

アイシャドー………… ブルーグレー

パープル

リップ＆チーク……… ワインレッド、ローズ

ピンク

### バッグ＆靴＆小物



**基本**（メインカラー）

黒　紺　グレー

**セカンド**（アクセント）

マルーン　ベージュ

### アクセサリー

- シルバー
- プラチナ
- パール
- ルビー
- ラピスラズリ

## 好きな色は大切に

色の持つパワーには驚くものがあります。自分に似合う色を見つけることも、自分磨きには大切です。でも「ぜひ知りたい！」と思う反面、「自分の好きな色と違ったらどうしよう？」と心配になったり、「好きな色を身につけて何がいけないの？」と抵抗を感じたりする人もいるかもしれません。

「似合う色を知る」ということは、その色しか着てはいけないということではありません。どんな色を身につけるかは、本人の自由。この色なら自信を持って身につけられる、という「自分の色」を持っている人は、それがあなたの「似合う色」といっていいでしょう。好きな色を着ていると、心が弾んだり、リラックスできることも事実です。

でも、「どんな色の洋服にしたらいいかわからない」「自分を引き立てる色がわからない」という場合、本書で紹介した「あなたに似合う色」や色のパワーをぜひ参考にしてみてください。

4

章

# インテリアに役立つ
# カラー活用術

引っ越しや部屋の模様替えをしたいときにも、まず色を押さえて。快適でセンスのいい空間づくりには色のバランスが大切なポイントです。

Lesson 1

# インテリアの色づかい3つのポイント

インテリアの印象は、色によって決まるといっていいほど。好きな色や気分で決めるのもいいけれど、快適な空間のための色づかいも覚えてみては？

## ポイント1

### 色の持つ個性を知ってそれを生かす



これまでレッスンしてきたように、色にはそれぞれ個性があります。インテリアの配色を考えるときも、色の個性はとても重要。元気が出てくる色、リラックスできる色など、まずは色の持つパワーを知って、それをどう生かしていくか考えるのです。色の個性はLesson３や１章を参考に。

## ポイント2

### その部屋の目的に合った色を使う

色の個性を知ったら、次はそれをどの部屋に生かすかを考えます。部屋にはそれぞれ、その空間に求めるものがあるはず。寝室、キッチン、リビングなど、それぞれの部屋にふさわしい色づかいはLesson２&４でチェック。ショップで働く人はLesson５を売れる空間づくりに役立てて。

## ポイント3

### 自分の好きな色を効果的に使う

その部屋の目的に合う色として、自分のお気に入りの色がなかったら･･･。これはちょっと残念。でも、絶対に使ってはいけないということではありません。好きな色を上手に使うコツを、Lesson３で紹介します。好きな色を効果的に使って、さらに過ごしやすい部屋づくりをめざしましょう！

# 部屋別 上手な色の使い方

寝室ならぐっすり眠れるように、リビングはくつろげるようにと、部屋には求めるものが違います。となると、適した色も変わってきます。

## 寝室

GOOD! 青　ベージュ

NG 赤



### 落ち着いた空間こそ寝室に必要なもの

ぐっすりと眠って一日の疲れをとりたい——。寝室に求めるのは、落ち着いた静かな空間です。

### ベストカラーは青

快適な睡眠のためのベストカラーは青。気持ちの高揚を抑えてくれるスカイブルー102や水色38といった色のカーテンやファブリックがおすすめです。不眠症の人は、サックスブルー103などのタオルを目元に当ててベッドに入ると、かなり効果があります。でも、青は沈静効果だけでなく実際に体温まで下げてしまうので、冷え性の人は、ベッドカバーやシーツなど体に近いところに青を使うのは控えて。そのかわりに、あたたかみのあるベージュ系の杏色19や小麦色20がおすすめです。

### 避けたい色は赤

赤は神経を興奮させてしまうので、使うとしてもごく小さなアクセント程度で。

# リビング

**GOOD!**　オフホワイト　ベージュ

**NG**　白（壁）

### 家族みんなが落ち着けることが大切

外出時の緊張感をほぐし、誰でもホッと落ち着けるような雰囲気が、リビングには大切。自分の好きな色でコーディネイトするのもいいけれど、家族がいる場合は、くつろぎや団らんにふさわしい色を。

### オフホワイトやベージュ系が基本

あたたかみのあるオフホワイトやベージュ系をベースにコーディネイトしてみましょう。

じゅうたんや壁など大きな面積のところにそれらの色を配置したら、ソファーやカーテンなどのファブリック類はパステルトーンの暖色系に。若葉色32やアップルグリーン94といったやさしいグリーン系なら、さらにリラックスできる空間に。また、メインの色と対照的な色のクッションや花びんなど小物を置くと、部屋全体の雰囲気が引き締まります。

### 白い壁はなるべく避ける

気をつけたいのは、壁の色。「なるべく明るいイメージに」と、まっ白な壁にすると、白は光をたくさん反射するので目が疲れてしまいます。

## キッチン＆ダイニング

GOOD! 黄　オレンジ

NG 寒色系

### 暖色系で、使う色数は少なめに

調理をするときも食事をするときも、楽しい気分でいたいもの。キッチンやダイニングは、楽しく、かつリラックスできる空間づくりをめざしましょう。

そのためにふさわしい色は暖色系。ただし、料理が主役になるダイニングも、調理器具や食器など物が多いキッチンも、色の数は少ないほうがすっきりします。１、２色に絞ってそれで統一するといいでしょう。気分よく調理するために、キッチンは自分の好きな色で統一するのもひとつのアイデアです。



### ダイニングの照明は白熱灯を

蛍光灯は､部屋全体を明るく照らしてくれる一方、青っぽい光のため、料理をおいしそうに見せないというウイークポイントがあります。そのため、ダイニングの照明は白熱灯を使うのがベスト。同様の理由で、ダイニングを青で統一すると、料理が冴えないし、寒々しく感じる原因になります。

### テーブルクロスなどで気分転換を

ダイニングのイメージを変えたいときは、テーブルクロス、ランチョンマットを変えてみましょう。それだけで、雰囲気はガラリと変わります。色や柄の異なるものを何パターンか揃えて、料理に合わせた空間の演出を。

## 勉強&仕事部屋

GOOD! 寒色系(なかでも青)

NG ビビッドな色

### 気持ちを安定させ集中力を高める配色を

オフィスや勉強部屋に必要なのは、集中力を高めてくれるような空間。効率よく仕事や勉強をすすめるためには、「なんだか落ち着かない･･･」といった色づかいはNG。

### 集中力アップには青が最適

気持ちを静めてくれ、じっと机に向かう集中力をもたらすのは、寒色系。なかでも青には、精神をクールダウンしてくれる効果があるので最適です。避けたいのは、赤7やマゼンタ113などビビッドな色。また、カーテンなどに柄がありすぎるのも、集中力を持続させるためにはマイナス。

### 青系でまとめすぎるのはよくない

いくら青系が最適だからといって、部屋のなかを青一色にするのは避けましょう。というのは、沈静効果が強すぎて、気持ちが沈んでしまう可能性があります。たとえば、カーテンならメインカラーは青だけど、黄のストライプ柄やチェック柄が入ったものにするなどひと工夫を。

## バスルーム

GOOD!

緑　クリーム色

### 暖色系？　それとも寒色系？

暖色系と寒色系の色では、3℃の温度差があるといわれています（21ページ参照）。バスルームにおすすめなのはどっちかというと・・・実はどちらでもありません。バスルームに適しているのは中性色。なかでも、やすらぎの色でもある爽やかなグリーン系がおすすめ。リラックスタイムを演出してくれます。また、肌の色に近いことからやすらぎを感じやすいクリーム色との組み合わせも○。



## トイレ

GOOD!

アイボリー　黄

### 白よりも清潔感を感じさせるアイボリー

トイレの色というと白が一般的。でも白という色は冷たそうに見え、汚れも目立ちます。だから便器やタイルの色は、白よりあたたかみがあって、清潔感もあるアイボリー115がおすすめ。

アクセントカラーとしてトイレカバーなどに黄を使ってみましょう。黄には消化器系の働きを促す効果があるので、お通じのよくない人におすすめの色です。

## 玄関

GOOD!

### 茶、緑などが落ち着いた空間を演出

玄関は家の顔。初めて訪問する家でも、玄関に立ったとき、まだ見ない部屋の様子が想像できることがあります。

自分の家の統一カラーがある人は、その色を使いましょう。とくにこだわる色がなければ、緑、茶、コルク85などが無難。白やオフホワイトの壁に木目調の廊下、という場合、これらの色はきれいに調和します。また、落ち着いた印象を与える色なので、訪問する人もスッと溶け込めるはず。



### 多色づかいは乱雑な印象を与える

たいていの住宅の玄関は、スペースもそれほど広くなく、日当たりもあまりよくないもの。少しでも、明るさと広がりを持たせるためには、色はあまり使わないことです。壁の色などとの調和を考えて色を決めたら、その色でまとめるとすっきりします。色が氾濫していると、落ち着きがなく、乱雑な印象を与えるので注意。

### 花を飾ると明るさアップ！

せまい玄関には、小物を飾るかわりに花を飾るのがおすすめ。たとえ一輪挿しでも、明るい空間づくりに役立ちます。おすすめの色みは、

★緑でまとめた玄関には→赤（マゼンタ）の花
★茶でまとめた玄関には→オレンジの花
★コルク85でまとめた玄関には→黄の花

季節を感じる花を使うと、さらに好印象です。

色 別

# 取り入れたい場所&避けたい場所

**自分の好きな色をインテリアに取り入れたいと思っている人は、使い方や場所にひと工夫を。それぞれの色が持つ力を上手に利用しましょう。**

## 赤

**■取り入れたい場所**
キッチン、玄関の一部、小物類

**■避けたい場所**
寝室、仕事&勉強部屋



### アクセントカラーとして取り入れるのが○

赤は生活の中に大きく取り入れるのが、少し難しい色。エネルギーが強すぎて、圧迫感を与えたり重い雰囲気になることがあるからです。楽しい気分で料理をしたいキッチンはいいけれど、寝室や仕事部屋にはふさわしくありません。

リビングに使いたい場合は、ランプシェードやクッションなどアクセントとして使うのが効果的。壁紙やカーテンなど大きな面積に使うのは控えたほうが無難。でも、抑えた色みのワインレッド66なら、適度な落ち着きを部屋にもたらしてくれます。

こんな願いも叶う!

**収入をアップさせたい!**
キャリアアップで収入アップをめざす人は、活動的なエネルギーを与えてくれる赤のサポートを受けて。アクセントとしてデスクやパソコン周りの小物を赤にすれば、やる気が一層わいてきます!

## ピンク

**■取り入れたい場所**
キッチン、寝室、子供部屋
**■避けたい場所**
リビング、階段、勉強部屋

### 色調によって適した場所が変わってくる

ピンクは一般的に女性らしさや愛情をイメージする色ですが、ローズレッド63のようなあざやかなピンクからやさしくソフトな桜色2まで、その色調によってかなり印象が変わります。ということは適した場所も少しずつ変わってくるのです。

やわらかいピンクは安心感を与えてくれるので、ベビールームや神経質な人の部屋向きです。一方、明るい紫みを加えたローズピンク65は、落ち着いた雰囲気をもたらしてくれるので、寝室に使うのもおすすめです。赤ちゃんにはピンクが向いていますが、こいピンクはNG。夜泣きの原因にもなるので注意。

女性らしさややさしさというイメージのあるピンクは、勉強部屋には不向き。また、好き嫌いが分かれやすい色なのでリビングにも控えたほうが無難。



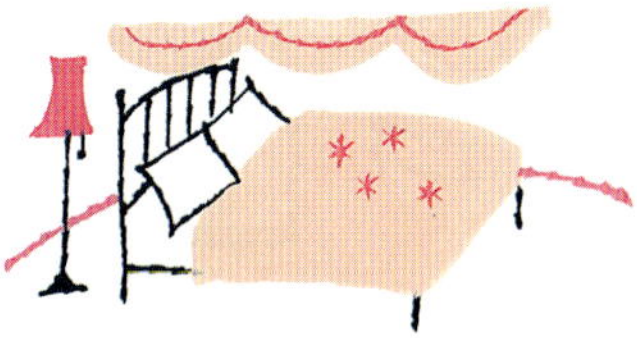

こんな願いも叶う！

### いい女になりたい！

「若返りの色」といわれるピンクは、女性ホルモンの分泌を盛んにしてくれます。つやつやお肌＆髪とメリハリボディをめざす人は、洗面所やドレッサーにピンク系の花やオブジェを飾ってみて。

## オレンジ

**取り入れたい場所**

キッチン、リビング、ダイニングの一部

**避けたい場所**

勉強部屋、オフィス、リラクゼーションルーム

### 食事、団らんスペースに効果的

暖色系の代表色のようなオレンジは、そのあたたかみが心身ともにポジティブな影響を与えます。食欲不振を解消する色でもあるので、とくにキッチンやダイニングに使うと効果的。

部屋、あるいは家全体のメインカラーとしてこの色を使う例はあまりありませんが、琥珀色21など、少しトーンを落としたオレンジをアクセントカラーに使うのはおすすめ。



落ち着きや集中力が求められるような勉強部屋や、リラクゼーションルームには適した色ではありません。

こんな願いも叶う！

**希望の仕事をやってみたい！**

希望の職業やプロジェクトに参加したい人は、積極的になれるよう、会社で使うステーショナリーはオレンジか黄で統一し、仕事に励みましょう。

## 黄

■取り入れたい場所

トイレ、リビング、ダイニング、バスルーム、勉強部屋

■避けたい場所

寝室

### 刺激が強いので多用は禁物

黄は気持ちを高揚させ、ハッピーな気分にさせてくれる色。脳をクリアな状態にしてくれるので、勉強部屋などに取り入れるのは○。黄の刺激で会話も弾むので、リビングにもいいでしょう。

ただし、この色は単独で使うより、たとえば青系のアクセントカラーとして使うほうがより効果的。というのも、頭の中をクリアにしてくれる一方、黄はココロに与える刺激が大きいので、あまり使いすぎるとイライラしたり、ヒステリックな気分になるからです。今、あざやかな黄を多用した部屋に住んでいる人は、ソフトなクリーム色に変えてみて。イライラしがちな傾向がある人は、案外、黄の影響を受けているのかもしれません。

こんな願いも叶う！

**自己アピールしたい！**

黄はコミュニケーションの色で、「私はあなたとの間に壁をつくっていませんよ」とアピールできる色。相手と親密になりたいときにおすすめ！

## 青

**取り入れたい場所**

寝室、キッチン、ダイニング

**避けたい場所**

日が当たらず寒くて暗い部屋

### リラクゼーション効果を求める場所に

気分を静め、集中力を高めてくれる青は、オフィスや勉強部屋に多用されます。さらに、沈静効果を持っているため、寝室の色として最適なように、リラクゼーション効果は抜群です。なかでも瑠璃色44のような濃く深みのあるブルーがその効果を発揮します。

また、緑みの強い青のターコイズブルー99は壁の色におすすめ。部屋全体が明るくなり、会話が弾むスペースになるはず。同時にストレスも緩和してくれるので、インテリアの小物などにもこの色は最適です。



青を避けたほうがいいのは、日当たりが悪く、寒くて暗い部屋。寒色系である青の力が加わると、本当に寂しい部屋になってしまいます。

こんな願いも叶う!

**いい出会いをしたい!**

冷静な判断力&インスピレーション能力を高めてくれる青が、いい出会いを導いてくれます。リビングや寝室のカーテンやファブリック類をブルーにすれば、合コンで判断ミスもなくなるかも。

## 緑

**取り入れたい場所**
キッチン、寝室、ダイニング
**避けたい場所**
とくになし

### ヒーリング効果で安らげる空間に

緑は自然を象徴する色。植物に囲まれると気持ちが落ち着くのは、緑が静けさと安心感をもたらすから。ストレスの多い生活を送っている人は、過ごす時間の多い部屋に取り入れてみてください。

なかでもアップルグリーン94やミントグリーン95といったソフトでクリアーな色調の緑は、気持ちを落ち着かせる効果の高い色。一方、くすんだ緑やオリーブ92などは心身の衰えを表象する色のため、インテリアに多く使いすぎると、その人のネガティブな側面をより浮き立たせてしまうことも。

また、くすんだ緑は、青と同様、部屋を寒く感じさせてしまうので、日当たりの悪い場所には使わないほうがいいでしょう。

こんな願いも叶う！

**結婚したい！**
ベランダやリビングに植物を置きましょう。緑は見るだけで、大らかな気持ちにしてくれます。そんな態度が「やさしくて家庭的な人」という印象につながり、幸運が舞い込んでくるかも。

## 紫

**取り入れたい場所**
寝室、書斎

**避けたい場所**
とくになし

### アクセントで使うと、部屋がゴージャスに

青と赤を混ぜてつくる紫。そのため、青の沈静効果と赤の強いエネルギーの両方を持ち合わせています。また、紫は緑と似た性質を備えていて、この色に囲まれていると静かな気分になれます。

この紫を取り入れたい場所は、寝室や書斎など、静かに過ごしたい場所。沈静効果だけでなく、感性を鋭くし、クリエイティブな能力を高めてくれます。とくに藤色48など淡いパープルをほかの色とアレンジしてインテリアに配色すると、インスピレーションを生む助けになります。ただし、精神的に不安定な場合、紫は刺激が強いので、遠ざけたほうがいいでしょう。

古来、王族の住まいや神聖な場所に使われてきた色ですから、インテリアのアクセントとして使うと、それだけで部屋に豪華さや高貴で神秘的な雰囲気が生まれます。

## 白

**取り入れたい場所**
ほかの色を強調したい場所
**避けたい場所**
とくになし

### 白で統一は、息苦しく感じることも

清潔感を感じさせると同時に孤立したイメージをかもし出すのが、白の特徴。家庭で使われることの多い色ですが、白だけで統一された部屋は、清潔感というより、人に恐れを抱かせます。スペースを広く見せたいときに白は有効ですが、元気に活動したい環境にはなりません。汚れが目立ちやすいというデメリットもあります。

とはいえ、住んでいる部屋の壁がまっ白というケースは多いはず。こういう場合は、ほかの色を意識的に使うことで、楽しい雰囲気を生み出す工夫を。白はほかの色の個性を引き出すので、効果を強調させたい色がある人は、その色と白を組み合わせるのがいいでしょう。

こんな願いも叶う！

### 円滑な人間関係を築きたい！

職場や学校の人間関係がギクシャクしていたり、誤解に悩んでいる人は、白のパワーを借りましょう。日光の射し込む窓辺に透明なガラス瓶や白い小物を飾り、邪気を払ってしまうのです。白いカーテンもおすすめ。

# せまい部屋を広く見せる色彩テクニック

「部屋がせまい」というのは多くの人に共通する悩み。でも、色の性質を取り入れることで、同じスペースでも広がりを感じることができます。

## 暗い色は下に、明るい色は上に

色には「重い色」「軽い色」があります。暖色系や明るい色は軽く、寒色系、暗い色は重く感じます。

部屋に開放感や広さを求めるなら、重く感じる色は上に置かないこと。たとえば、天井や壁の高い位置に暗い色があると、上から圧迫されているような気分になります。でも白っぽい色なら軽く感じられます。



重い色はカーペットに使うなど、下に使うと安定感が得られるので、その意味でも、「暗い色は下、明るい色は上」は重要です。

## 壁紙はオフホワイトが理想的

部屋を広く見せるために、白い壁紙は有効ですが、さびしさを感じさせる面もあります。そこで、おすすめなのがオフホワイトの壁紙。この色は、軽い色で広さを演出するだけでなく、光をやさしく反射するので、部屋全体をやわらかく見せてくれます。

## 照明は蛍光灯より白熱灯

青っぽい光の蛍光灯とあたたかみを感じる白熱灯では、白熱灯のほうが部屋に広がりを与えてくれます。白熱灯は一定の方向からしか光があたらないので、部屋に置いてある物の陰影ができるため、立体感や奥行きがでるのです。あたたかい雰囲気を演出するためにも白熱灯がおすすめ。

## 鏡を置くと奥行きを感じる

鏡を置いておくと、鏡に部屋が映し出されるため奥行きを感じる効果があります。

幅が広めの大きな鏡を１枚部屋に置いておけば、インテリアにもなるし、自分の表情やしぐさをよくチェックするようになるので、センスアップにも役立つはず。

Lesson 5

# ショップで役立つカラーインテリア

商品を売るお店では、お客さんが手に取りやすく、買いたくなるように陳列することが大事。ここでは、陳列時に役立つ色づかいのコツを集めてみました。

## コツ1 プライスカードは「見やすさ」優先



商品の値段や説明を書くプライスカードは、なんといっても「見やすいこと」が肝心。白、生成《きなり》、淡いライトグレーなどの色紙に、黒、こいグレー、こげ茶、紺、赤などの文字がもっとも見やすい組み合わせです。蛍光色は、目立つようで、かえって読みにくくなります。どの色を使うかは、商品の色やお店のイメージと照らし合わせて決定を。また、カードの枠を囲みたいときは、ショップカラーやロゴの色を使うと、お店としての統一感が出ます。

## コツ2　陳列するときは、横のラインを意識する

商品を棚に陳列するときは、横のラインを意識すること。というのも人の視線は左右に動きやすいので、そのときに「きれい」と思わせるのです。同じ商品で色の種類が豊富なときは、ナチュラルハーモニー（45ページ参照）で並べたり、色みが近いものを横に並べたり。色相環（13ページ参照）を覚えておくと便利です。

## コツ3　ミスマッチ感があるときは無彩色を活用する

違う商品を並べるときは、同系色で並べると印象がぼやけてしまうので、違う色みのものをとなりに並べるのが○。でも商品の色みがバラバラで、となりの商品と調和しないというときは、その間に黒、白、グレーといった無彩色の商品を入れると、ミスマッチ感がなくなります。

## プレゼントを高価に見せるコツ

誕生日やクリスマス、記念日にプレゼントを贈る･･･どんなものを贈るかは、その人のセンスの見せ所ですが、そのプレゼントの価値をグンと高めるラッピングのコツをご紹介。

女性は、ついきれいなパステル系の包装紙を選んでしまいがちですが、いつもそればかりではポイントアップになりません。パステル系の色はぼんやりした印象を与え、安っぽく見えるというマイナス効果があります。

高級感を持たせ、かつ、真心のこもった贈り物に見せたいならば、はっきりとしたこい色と選ぶのが正解。こい赤やオレンジ、ロイヤルブルー、ブラウン、黒といった色は、パッと目をひくのはもちろん、ずっしりとした重量感を感じさせ、高級感を出してくれます。

フランスの老舗ブランド、エルメスでラッピングをお願いすると、こいオレンジのペーパーにこげ茶のリボンをかけてくれます。手に取ると、中身の質量よりずっしり重く感じられるうえ、誇らしいばかりの高級感がただよう――。あれはブランド名だけでなく、色の力を利用した演出法というわけです。

5
章

# ヘルシーボディーのための
# カラー活用術

色の知識が役立つのはファッションやインテリアだけではありません。毎日の食事も色に注目すれば、健康なカラダが手に入れられます。

Lesson 1

# 食事に色を取り入れるときの3つのポイント

ファッションやインテリアだけでなく、実は食事の色も重要なポイント。ココロとカラダの健康のために、食材の色にも注目しましょう。

## ポイント1

### おいしそうに見える色づかいをする



健康の基本は食事から。そして食事の基本は、なんといってもおいしく食べること。「おいしく」食べるために、食材の色づかいにもひと工夫してみましょう。同じようなメニュー、味付けでも色が違えば、食欲も変わってきます。料理をおいしそうに見せるコツは、Lesson2で紹介します！

## ポイント2

### カラダの状態を考えた色づかいをする

なんだかカラダの調子が悪い、というときは栄養のある食事をすることが大切。このとき、食材の持つ栄養やカラダへの働きかけ方も色を使って選んでみると、効果がアップします。こうした色を使った健康法をLesson４＆５でチェック！さらに、Lesson３ではダイエットにも効果のある色を紹介！　効果的にウエイトダウンが望めます。

## ポイント3

### ココロの状態を考えた色づかいをする

色はココロにさまざまな影響を与え、パワーを授けますが、この力を食材の色からも取り入れましょう。疲れている、イライラしている、あるいは大きなショックを受けた･･･こんなときは、食材の色を使って、カラダだけでなくココロも回復させてあげるのです。今のあなたの心理状態にあった食べ物の色は、Lesson６で紹介します。

Lesson 2

# 料理を引き立てる卓上の色づかい

食欲が色に左右されるように、料理を引き立てる色もあります。お客様や彼に料理をふるまうときのために、ぜひ覚えておきましょう。

## ルール1 料理と反対の色を器に使う



赤に対して緑、青に対してオレンジ、黄ならば紫というように、食材の反対色を器に持ってくると料理が引き立ちます。赤身の刺身なら、深い緑の器で「おいしそう度」がアップ。

## ルール 2 料理と同じ色味を濃淡で使う

同じ色みの濃淡を使うと料理がグンと引き立つケースもあります。たとえば、肉じゃがなどの煮物。全体的に茶色っぽいものは、反対色は紺になりますが、それだと全体的に重い感じに。この場合、肉じゃがの色に近い、薄茶、あるいはこげ茶の器に盛ると、しっとりとした趣が出ます。

## ルール 3 料理のなかから１つの色を取り出して使う

サラダなどたくさんの色が使われている場合は、そのなかのポイントになる色を食器に使います。たとえば、ニンジンのオレンジやパプリカの黄などを使えば、元気で楽しい雰囲気に。パスタやピラフなどのときにもこの方法がおすすめ。

Lesson 3

# 色の力を生かしてダイエット

「なかなかダイエットに成功しない･･･」という人は、ダイエットにも色を取り入れてみて。食欲は、味覚だけでなく「視覚」も重要な役割をはたしているのです。

## 満足感を得やすい色を使う

GOOD! ●…黒 ●…茶



ダイエットの大敵は「食べすぎてしまうこと」。食べすぎを防ぐには、満足感を得やすい色の食材を選ぶのがおすすめです。

満足感を得やすい色とは､黒や茶といった重い色。見た目にどっしりしているので、無意識に少ない量で「たくさん食べた」という気持ちになるのです。

だから、ゴマを使う場合も、白ゴマより黒ゴマがおすすめ。食パンに塗るなら、バターやマーガリンよりゴマペーストです。白いご飯よりも炊き込みご飯、すまし汁よりみそ汁、クリームシチューよりもビーフシチューと、食欲を刺激しない色を使うのがコツです。

## 食欲をそそらない色を使う

**GOOD!** ●…黒 ●…グレー ●…青

おいしく見せる色の代表はオレンジや黄。一方、あまり食欲をそそらない色といえば、黒やグレー、寒色系の青などです。つまり、地味な色彩のメニューはあまり食欲が刺激されず、食事量を減らすことができます。野菜も魚も生ではなく煮物にすれば、色みはグッと抑えることができます。でも、毎日、おいしそうに見えない食事を続けると、ストレスがたまり、いつか食欲が爆発してしまう可能性もあるので注意しましょう。



## 明るい色彩の食器を使う

**GOOD!** ●…オレンジ ●…赤

少ない量でいかに満腹感を得るかは、食材の色だけでなく、食器の色もポイント。

たとえば、イタリアやスペイン料理でよく目にする、オレンジや赤で絵が描かれている絵皿を使ってみましょう。明るく彩られたお皿は、目で見て楽しいので、たとえ薄味のダイエット食が盛りつけられていても、気分が満足するのです。また、藍色の小鉢や伊万里焼など細かくてきれいな柄の入ったお皿もおすすめ。そういったお皿で食事をするとぜいたくな気持ちになり、自然とゆっくり食べるので、少量でも満腹感を得られます。

Lesson 4

# カラダに効く色の食材

**病院に行くほどではないけど、なんだかカラダの調子が悪い･･･そんなことってよくありませんか。カラダの小さな不調は色で治しましょう！**

## 小さなカラダのトラブルには「色彩健康法」を

何かと忙しく、ストレスの多い現在、多くの人が、カラダの小さな不調を抱えています。「疲れがとれにくくなった」「肩こりがひどい」「生理が不順だ」といった悩みを持つ女性は意外と多いのです。

そんなカラダの不調が気になるときに試してもらいたいのが色彩健康法。

緑を見ると気分がリフレッシュしたり、赤や黄の花を見ると元気が出たりと、色には、私たちのココロを健康にしてくれるパワーがありますが、このパワーは、実際にカラダにも影響を与えています。

視覚から取り入れる色のパワーと、食材の持つ栄養素をうまく組み合わせた食事を心がければ、カラダのトラブルが自然に改善することも。ぜひ、参考にしてみて。

## 食材の色と栄養の関係

それぞれの色が実際にどんな効果があるのかを紹介していきます。

- 赤の食材▶ エネルギーの活性化。活力をもたらす血液循環の改善
- ピンクの食材▶ 幸福感に包まれ、ホルモンバランスが安定
- オレンジの食材▶ 免疫力を高め、体内機能を調整
- 黄の食材▶ 神経の安定、消化器系機能の調整
- 緑の食材▶ 体内のバランスをとる。精神安定
- 青の食材▶ 殺菌、沈静作用
- 紫の食材▶ 自律神経の安定と保護。安眠作用
- 白の食材▷ 骨の育成と維持、自律神経の安定化

基本は、今の状態に合った色の食材を意識しながら新鮮で栄養のバランスがとれた食事を心がけること。では、次ページから、具体的な症状に応じた色の取り入れ方を見ていきましょう！

Lesson 5

# 症状別
# 色彩健康法

ここでは、風邪ぎみ、冷え性といった具体的な症状に対する色彩健康法を紹介します。とくに女性に多い症状を集めてみました。

## 風邪ぎみ

白の食材

**野菜**：カリフラワー、大根、かぶ、もやし
**豆類**：豆腐、豆乳
**乳製品**：牛乳、ヨーグルト
**穀類**：米、小麦

毎日の主食であるごはんやパンの色は白。白い食材は私たちの主要なエネルギー源であり、心身の安定に欠かせない食材です。また、自己治癒力を高めてくれる効果が期待できるのも、白の食材の特長。

風邪を引いているときは、食欲も落ちがち。「あんまり食べたくないな」と感じるときは、おかゆがいちばんです。自分でつくる元気がなくても、今はレトルト食品として販売されているのでそれでもOK。固形物を食べられないときは、牛乳やヨーグルトで栄養補給を。回復してきたら、白い野菜を使ってあっさりスープがおすすめです。

# 頭　痛

緑 の食材

**野菜**：アスパラガス、ピーマン、キュウリ、オクラ、キャベツ、レタス、青唐辛子
**豆類**：グリーンピース、スナックエンドウ
**フルーツ**：アボカド、キウイフルーツ
**その他**：オリーブオイル

緑の食材には、体内の諸器官や機能のバランスを取る食材が揃っています。それぞれの機能が正常になることで、精神的に安定した状態をもたらしてくれます。また、利尿効果を促し、血流を安定させるという作用もあります。

頭痛の原因のひとつに、肩や首回りの筋肉がこわばることで症状が現れることがあります。そんな緊張性頭痛には、血流安定効果のある緑の食材がおすすめ。また、頭痛によってイライラしがちな精神も、緑のパワーがゆったりと和らげてくれます。緑の野菜をふんだんに使ったグリーンサラダが、簡単でおすすめです。

また、ほかの色の食材と一緒に食べると、さらに相乗効果が期待できるので、毎日、少量ずつでも食べましょう！

# 低血圧&冷え性&生理不順

赤

ピンク

の食材

**野菜**：トマト、赤ピーマン、ビーツ
**肉・魚介類**：肉全般（とくにレバー）、サーモン
**フルーツ**：イチゴ、クランベリー、チェリー、ラズベリー
**スパイス&ハーブ**：レッドペッパー、パプリカ、ローズヒップ、ハイビスカス

低血圧や冷え性は、女性に多いトラブル。そして生理不順は女性特有のものです。

これらの症状に共通しているのは血液。冷え性や低血圧は、血液の循環が悪くて生じるカラダのトラブルです。肩こりや手足のむくみがひどいという場合も、血流が悪くて起こることが多いのです。

血液の循環をよくするためにもっとも効果的なのは赤の食材。色そのものに、活力を与えてくれる力や、興奮作用がありますが、上記に挙げた食材にはいずれも、血液の循環をよくする作用があります。ホルモンバランスを整えるピンクの食材は生理痛に悩む人におすすめ。

ただし、赤の食材の食べすぎには注意して。攻撃的になったり苛立ったりして、かえって疲れをためることに。

## 便　秘

黄
オレンジ
の食材

**野菜**：じゃがいも、ニンジン、カボチャ
**豆類**：大豆、ひよこ豆、とうもろこし
**魚介類**：ムール貝、赤貝
**ハーブ**：サフラン

女性の２人に１人は便秘といわれるほど、便秘に悩まされる人は多いようです。慢性化した便秘は、腸の働きが弱まっていることが原因のひとつですから、腸の働きを正常にしてくれる食材を食べることがいちばんです。

胃腸の消化促進機能を活発化させるのは、黄の食材。オレンジの食材も大腸、小腸などの消化活動を促進します。

便秘が解消すれば、全身の新陳代謝が促進され、肌荒れや太りやすい体質の改善にもつながります！



## 不　眠

紫
の食材

**野菜**：ナス、さつまいも
**フルーツ**：ブルーベリー、ブラックベリー、ブドウ、プラム、レーズン
**ハーブ**：ラベンダー

本当は疲れていてぐっすり眠りたいのに、なかなか寝つけない･･･十分な睡眠は、健康でいるためにはもっとも欠かせないもの。本格的に体調を崩さないためにも、ぜひ紫の食べ物を食生活に取り入れましょう。

ナスをはじめとした紫の食材には、自律神経を安定させ、脳を休ませる効果があります。就寝前に、ラベンダーティを飲んだり、紫のフルーツを少し口にすれば、緊張が解きほぐれて安眠につながります。

ちなみに中国には、10日間、ブドウだけを食べて体内を浄化する健康法もあるそうです。

Lesson 6

# ココロに効く色の食材

**気分が重かったり、イライラしたり、ストレスがたまって落ち込んでしまうことってよくありますよね。そんなときこそココロの栄養剤になる色の食材で元気になりましょう。**

## ココロの状態に合わせた食材を

毎日、元気に過ごしているようでも、実は、なんとなく気分が冴えなかったり、落ち込んでいたり、疲れていたりするもの。また、失恋した、仕事で大きなミスをした･･･というときは、うつうつとした気持ちになってしまいます。



そんなときは、ココロの状態に合った色の食材をメニューに取り入れてみて。精神を安定させたり、気持ちをポジティブにしてくれる色を上手に食生活に取り込めば、痛手を和らげたり、早く立ち直ることにつながります。

たとえば･･･

★**やる気が出ないとき**

カラダの細胞を活性化させる…緑の食材

興奮作用があり活力を高める…赤の食材

★**動揺しているとき**

精神を静めてくれる……………青の食材

★**ストレスがたまっているとき**

ヒーリング効果のある…………紫の食材

★**悩みがあるとき**

リラックス効果のある…白 ベージュの食材

★**失恋したとき**

精神のバランスを整え
気持ちを前向きにしてくれる…緑の食材

★**頭にきているとき**

怒りを静める……………………緑の食材

★**大きなショックを受けたとき**

ショックを吸収する……………オレンジの食材

★**嫉妬心があるとき**

冷静になれる……………………青の食材

素直な気持ちになれる…………白の食材

これらの色の食材を上手に活用しましょう！

## テーブルに花を飾るときは

空間をより美しく仕上げるために取り入れてもらいたいのが、花を飾ること。自然界の色ほど美しい色はありません。

食卓に飾るときは、その花のイメージや色が持つ効果を考えて、花を選んでみてください。

| | |
|---|---|
| **● 赤** | |
| バラ | 積極的、愛情豊か |
| カーネーション | 母親のぬくもり、精神安定効果 |
| **● ピンク** | |
| スイートピー | キュートで甘いやさしさを与える |
| コスモス | 根気強さ、夏バテ回復 |
| **● オレンジ** | |
| ガーベラ | 自己治癒力を高める |
| パンジー | ファイトを起こす |
| フリージア | 沈静効果 |
| **● 緑** | |
| ハーブ類 | 心と体にやさしく働きかける薬 |
| **● 青** | |
| あじさい | 平常心、気分転換に有効 |
| **● 紫** | |
| カトレア | 満足感、充足感を感じる |
| ラベンダー | 沈静効果と安眠効果 |
| シクラメン | 深いコミュニケーション |
| **● 白** | |
| ジャスミン | ストレスを和らげる |
| かすみ草 | 使いすぎた頭を緊張から解いてくれる |

# 6章

# 色彩心理テスト

色はあなたのココロを映す鏡。無意識に選んだ色に、あなたの内面が表れているものです。では、今日のあなたは、何色の気分？

## Test
# 1

右ページの12色の中から、
「今のあなたの気分」を表す色を
ひとつ選んでみましょう。
さて、今日のあなたの気分は？

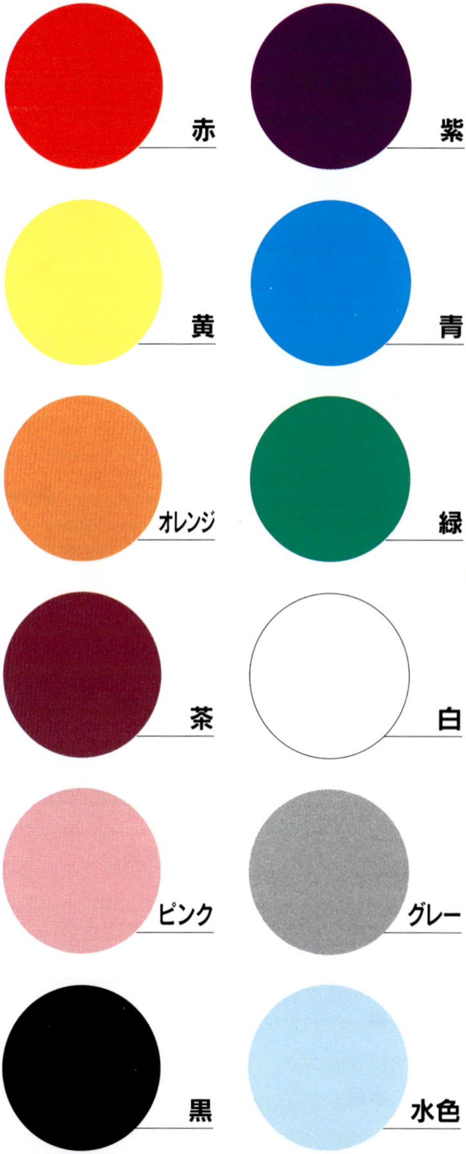
赤
紫
黄
青
オレンジ
緑
茶
白
ピンク
グレー
黒
水色

## 診断結果

| | | |
|---|---|---|
| 赤 | 気力が充実し、チャレンジ精神が旺盛な時期 | ▶ p.203 |
| 紫 | 今はちょっぴり情緒不安定<br>心配事がある？ | ▶ p.204 |
| 黄 | 明るくふるまう一方で、<br>孤独感を感じていそう | ▶ p.205 |
| 青 | 正義感にあふれ、理性的にふるまえる | ▶ p.206 |
| オレンジ | やさしさにあふれ、人間関係がスムーズにいく時期 | ▶ p.207 |
| 緑 | 理想を求める意欲が強く<br>何事も完璧をめざす | ▶ p.208 |
| 茶 | 穏やかで安定した時期<br>自然と人が集まってくる | ▶ p.209 |
| 白 | 自分に自信が持てなくて<br>気持ちが揺れ動いている | ▷ p.210 |
| ピンク | 誰にでもやさしく接し<br>明るくふるまえる | ▶ p.211 |
| グレー | 感情をストレートに出さず<br>人づきあいにもソツなし | ▶ p.212 |
| 黒 | 物事を真面目にとらえすぎ<br>少し頭がかたい時期 | ▶ p.213 |
| 水色 | あなたの繊細さがなかなか<br>人に伝わりづらい時期 | ▶ p.214 |

## 赤を選んだあなたの状態

### 気力が充実する一方で、
### 相手への気遣いが不足しがち

今のあなたはチャレンジ精神が旺盛。「なにか新しいものに挑戦したい！」という気持ちが盛り上がっている時期です。



でも、気力が充実しているときは、意外と「自分」しか見えていない状態に陥りがち。あなたのやる気に振り回され、他人が迷惑している可能性も。そんな状況にぜんぜん気づいていないのが、今のあなたかもしれません。

赤を選んだ人は、「自分がこうしたら相手はどう思うだろう」と、ちょっと立ち止まる時間をつくってみて。それは相手への思いやりだけでなく、あなたの願望を実現させる早道です。

活動的なパワーがみなぎっている今のあなたのことを、頼りに思っていたり、慕いたい人は多いはず。その信頼を定着させるためにも、行動の前に、人の気持ちを考える習慣を。

紫を選んだあなたの状態

## 迷いや、悩み事があって
## 気分が晴れない時期

今、何か気になることがあるのでは？

紫を選んだあなたは、なんとなく気分が晴れないというか、迷っていることがあって元気が出ない状態のようです。何をするにしても、ゆううつさがつきまとい、カラダも重く感じています。ちょっぴり情緒不安定のところもありそうです。

今は、カラダもココロものんびり休養させてあげることが大切な時期。早く「本来の自分」を取り戻すよう、「リラックス」を心がけてください。

自分の趣味や好きなことに取り組む時間をつくるのがおすすめ。そして、ありのままの自分を認めてあげて。

## 黄を選んだあなたの状態

### どこかココロにすきま風･･･。
### 自分の弱さを見せる勇気を

周りに誰かがいれば元気いっぱいにふるまい、社交性を発揮するのだけれど、ひとりになると少し孤独感を感じてしまう･･･。今のあなたは、明るい人を演じながらも、どこか自分を出し切れていない、そんな思いにとらわれているのかもしれません。

とくに、人に弱みを見せたくないという気持ちが強い状態なので、うわべだけの人間関係に終始しがちです。

自分の内側に逃げ込まないで、強いところ、弱いところを含めて、コミュニケーションを取ることを心がけてみて。一歩踏み出してみれば、周りがあなたの弱さを受け入れ、「こんなに簡単なことだったのか」と気分がスーッとラクになるはず。

## 青を選んだあなたの状態

# 正しいことや完璧さを求めすぎて、頭がかたくなっているかも

青を選んだ今のあなたは、ちょっぴり正義感や義務感にとらわれすぎているかもしれません。まじめさ、誠実さが強く出すぎてしまい、「いい加減な人は許せない」と、周囲の態度にイライラすることもあるのでは？

誠実さや向上心、きっちり計画を立てて行動する、といったことはとても大切なことだけれど、それにとらわれすぎると肩に力が入ってしまい、寛容さが欠けてくる危険性も。また、きまじめなあなたの態度は、周りの人には「理性的なのはいいけど、ちょっとクールすぎ」と受け取られている可能性もあります。

今のあなたに必要なのは、気が置けない友人とのスポーツ観戦やカラオケに行ったりして気持ちを発散させ、ココロを解放してあげること。そうすることで、思いやりやさしさがよみがえります。

## オレンジを選んだあなたの状態

### やさしさが評価され人気アップ。でも八方美人には気をつけて。

今のあなたは人の気持ちを考えるやさしさにあふれ、それが人間関係にプラスに働いている時期。あなたのあたたかみのある気持ちが、周囲の人には「人あたりのいい人」と伝わっているようです。

でも、そんな調子のいいときだからこそ気をつけたいのが、八方美人にならないようにすること。「人より目立ちたい」「うらやましがられたい」といった気持ちが態度に出てくると、あなたの人あたりのいい行動が、他人には「計算している」なんて勘ぐられることも。ヘタに意識しないほうが、自然とあなたの株も上がります。

また、家庭的なやさしさをただよわせる一方で、ココロの奥には激しく熱いパワーがみなぎっているとき。昔から憧れていたことや夢にチャレンジしてみましょう！

緑を選んだあなたの状態

## 完璧主義になりすぎて
## 頑固な人になっています

少しココロが疲れていませんか？

自分の理想を現実にしようとする意欲が強く、完璧を求めすぎているせいか、「周りの期待に応えないと！」という気持ちが強すぎて、押しつぶされそうな感じです。協調性もあり、感受性も豊かで繊細な神経の持ち主、というあなたの良さが、完璧を求める気持ちの陰に隠れてしまっています。

意志が強いというのは評価されることですが、自分の考えを何が何でも貫くんだと少し頑固になってはいませんか？　こうなると相手の言葉に耳を貸さなくなりがちですし、自分の本当の気持ちも表に出さなくなってきます。

これでは、誰でも疲れてしまいます。あまり構えすぎずに気楽に！　そのほうがスムーズに物事が運ぶはず。

## 茶を選んだあなたの状態

### 穏やかで安定した精神状態。<br>感情表現はもう少しストレートに

　最近、あなたの周りには自然と人が集まってきていませんか？　今のあなたは落ち着いた雰囲気をただよわせ、物事をしっかりと進めています。そんなあなたの魅力に引きつけられ、あなたの周りには人の輪ができているのです。

　精神的にとても安定していて、自分をコントロールできるし、相手もゆったりとした包容力で受け止める余裕もあります。

「好調」といってもいい今の状態ですが、ひとつ気をつけるといいのが、もう少し、感情をストレートに表現するということ。謙虚に穏やかに話すあなたのことを、「本心が見えにくい」と思っている人もいるかもしれません。相手の反応を恐れずに、自分の気持ちを口に出してみる。そんな勇気をもう少し持ってみて。

## 白を選んだあなたの状態

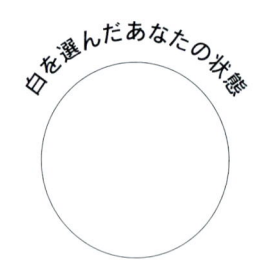

# ちょっぴり自信喪失気味。ありのままの自分を受け入れて

自分に確かな手応えがなくて不安･･･いつも頼りない気分になってしまう･･･白を選んだあなたは今、ちょっと自信喪失気味。解決しなければいけない問題に直面しているのに、集中して取り組めない、そんなこともありそうです。

でも、自分に自信が持てなくなるのは、あなただけではありません。みんな、手探りで自分を探しています。見つからなくて悲しんだり、寂しくなったりするものです。

だからあなたも、自分を責めてばかりいないで、ありのままの自分を認めるところから始めてください。そうすることで、自分のいいところがわかってくるし、他人と自分を比較することにあまり意味がないことに気づくはず。

## ピンクを選んだあなたの状態

### 誰にでもやさしくできる時期。<br>傷つくのを恐れる態度はNG

周りの人に対し、分け隔てなく接することができるのが、ピンクを選んだあなたの状態。誰にでもやさしく話しかけるあなたには、みんな警戒心を解いて近づいてきます。

でも、みんなにやさしくできるということは、もしかしたら、誰にも本当の自分を見せていないということではない？　自分も相手も傷つけたくないという気持ちはわかるけれど、友達は多くて親友がいない･･･なんて悲しい状態に陥ることも。傷つくことを恐れず、ありのままの自分をもう少し出してみましょう。「もっと深い人間関係がほしい」と思っている人は、まずは自分から壁を取り除くのです。

## グレーを選んだあなたの状態

### 人づきあいをソツなくこなしているのに、不安を感じるのは・・・

多くの人と無難につきあえ、周りからの評判も多分、悪くない・・・でもこんな状態に素直に満足できず、どこかで不安を感じているのが今のあなたです。友人たちとも楽しくつきあってはいるけれど、肝心なところでスッと自分の殻に閉じこもってしまったり、かといって切実に思い詰めたりもしない、いってみれば「明るい不安」。あなたは今、ちょっぴり用心深くなっているようです。

でも、いつも自分の気持ちを抑え込んでいるのは損。こういう状態が長く続くと、自分の感情をストレートに出せない人間になってしまう可能性も。バランスのよい人間関係を築くために、もっと自然体の自分を出しても大丈夫。そうすれば、つきまとっている不安も、いつの間にかなくなるはずです。

## 黒を選んだあなたの状態

## 努力を惜しまない姿勢は○。
## でも少し甘えてみては？

今のあなたは合理的な判断ができ、一生懸命取り組む姿勢を持っています。でもそれが少し強く出すぎている傾向があり、そんな自分をもてあまし気味なのでは？

何事にも真剣に取り組み、常に気を張ってがんばっていると、自分の中の「やわらかい部分」が表に出なくなってしまいます。そんなあなたの態度を見て、周りの人は、ちょっとついていけないな、なんて感じているかもしれません。

今のあなたに必要なのは「甘え」。自分に対しても人に対しても、もう少し甘えてみましょう。そうすることで、「○○はこうあるべき」としか考えられなかったことが、「こうしてもいいかも」と考えに幅が出るようになります。頑固さが消えて、豊かな情感をアピールできる人間になれます。

水色を選んだあなたの状態

## アピール下手であなたの良さに周りが気づいていない可能性が

みんなが気づかないことに自分だけ気づいて、そっとサポートしたり、誰よりも周りのことを考えているのに、それが周囲の人に伝わらない。かといって自分からアピールするのはイヤだ･･･今のあなたはそんなジレンマを抱えていませんか？



周囲が知らないところで気配りをしているはずなのに、相手には「何を考えているのかわからない」と思われたりして、自分の誠実さに自信が持てなくなっているのかもしれません。そのため、ますます自分の気持ちを伝えるのが怖くなり、相手に理解されないという悪循環に陥る危険もあります。

もっと自分に自信を持って。そして、もっとわかりやすい方法で周りの人にアピールしてみて。押しつけがましいなんて思う人は少ないはず。それよりも、これまで気がつかなかったあなたのいい面を、みんなわかってくれるはずです。

# Test 2

下の12色の中から、
あなた自身と、
あなたの身近な人の色を
イメージしてみましょう。
同じ色を何回使っても
OKです。

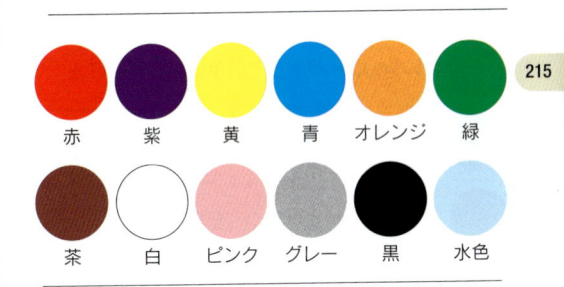

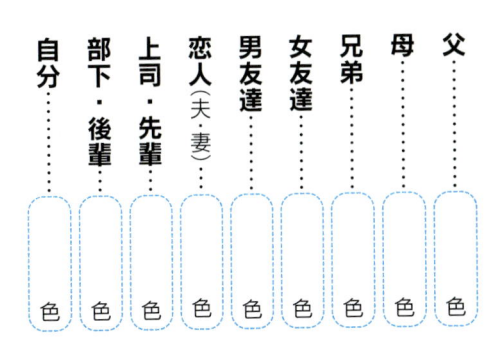

| | | | | | |
|---|---|---|---|---|---|
| 赤 | 紫 | 黄 | 青 | オレンジ | 緑 |
| 茶 | 白 | ピンク | グレー | 黒 | 水色 |



父……色

母……色

兄弟……色

女友達……色

男友達……色

恋人（夫・妻）……色

上司・先輩……色

部下・後輩……色

自分……色

## あなたから見た
## あの人のイメージは…

| | |
|---|---|
| 赤の人 | ポジティブで情熱家 |
| 紫の人 | 美的センスがすぐれている<br>芸術家肌 |
| 黄の人 | おちゃめで明るく、社交的 |
| 青の人 | 繊細でナイーブ　そしてまじめ |
| オレンジの人 | 華やかで何事にも好奇心旺盛 |
| 緑の人 | いつもナチュラルで飾らない |
| 茶の人 | 義理堅く、堅実 |
| 白の人 | 正義感が強く、<br>曲がったことが嫌い |
| ピンクの人 | 誰かに守ってもらいたい、<br>甘えたがり |
| グレーの人 | 落ち着いた大人の雰囲気を持つ |
| 黒の人 | 独立心旺盛で、自分で道を<br>切り開いていく人 |
| 水色の人 | 周りの空気を感じ取れる人 |

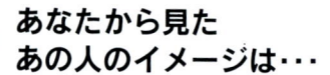

# あなたとの相性

▶相手　　※数字の単位はパーセント

| ▼あなた | 赤 | 紫 | 黄 | 青 | オレンジ | 緑 | 茶 | 白 | ピンク | グレー | 黒 | 水色 |
|---|---|---|---|---|---|---|---|---|---|---|---|---|
| 赤 | 83 | 95 | 46 | 89 | 72 | 93 | 72 | 68 | 98 | 56 | 51 | 32 |
| 紫 | 63 | 94 | 58 | 69 | 28 | 81 | 71 | 40 | 76 | 80 | 84 | 55 |
| 黄 | 90 | 35 | 75 | 32 | 80 | 75 | 50 | 63 | 40 | 48 | 83 | 70 |
| 青 | 51 | 51 | 55 | 91 | 68 | 72 | 77 | 72 | 78 | 83 | 82 | 41 |
| オレンジ | 94 | 40 | 70 | 31 | 72 | 71 | 62 | 92 | 35 | 46 | 82 | 68 |
| 緑 | 63 | 50 | 48 | 94 | 63 | 71 | 80 | 80 | 64 | 95 | 82 | 56 |
| 茶 | 32 | 92 | 62 | 84 | 75 | 50 | 72 | 50 | 45 | 58 | 41 | 22 |
| 白 | 21 | 75 | 35 | 93 | 83 | 38 | 75 | 74 | 80 | 50 | 29 | 30 |
| ピンク | 84 | 32 | 98 | 58 | 72 | 60 | 60 | 74 | 23 | 55 | 76 | 44 |
| グレー | 28 | 95 | 91 | 82 | 56 | 71 | 41 | 81 | 75 | 62 | 61 | 78 |
| 黒 | 61 | 38 | 68 | 82 | 68 | 53 | 74 | 25 | 96 | 88 | 42 | 55 |
| 水色 | 32 | 55 | 68 | 78 | 68 | 52 | 81 | 43 | 50 | 52 | 43 | 96 |

## どこまでマスターできたかCHECK！

# 色彩クイズ

### 第1問

**色には「暖色」と「寒色」があります。では、次の色の中で暖色と思う色は？**

㋐ 白　㋑ 緑　㋒ 青　㋓ オレンジ

### 第2問

**同じ重さのバッグなのに、いちばん重い印象を与えるのはどの色のバッグ？**

㋐ 明るい緑　㋑ 暗い緑　㋒ くすんだ黄
㋓ 黒

### 第3問



**同じ色のグレーを、片方は黒、片方は白で囲んだ場合、2つのグレーはどのように見える？**

㋐ 黒で囲んだ方が暗く見える　㋑ 白で囲んだ方が暗く見える　㋒ どちらも同じように見える

### 第4問

**赤色を1分間ほど見た後、白いところを見るとある色が目の前に浮かんできます。さて、何色？**

㋐ 黄　㋑ 青緑　㋒ グレー　㋓ 黄緑

### 第5問

**みかんが赤いネットに入れられているのは、色のどんな性質を利用している？**

㋐ 明度対比　㋑ 面積対比　㋒ 同化　㋓ 誘目性

この本で紹介した色の知識をクイズ形式で
復習してみましょう！

### 第6問

**寸胴の体型をカバーするためには、どんなベルトを着けるといい？**

ア 赤の細いベルト　イ 白の太いベルト　ウ 黒の太いベルト　エ 白の細いベルト

### 第7問

**次の中で、いちばんやせて見えるシャツは？**

ア クリーム色の縦縞シャツ　イ 紺の横縞シャツ
ウ 紺の縦縞シャツ　エ ピンクの横縞シャツ

### 第8問

**小さいバストを少しでも大きく見せるにはどのシャツを選ぶべき？**

ア オレンジの縦縞シャツ　イ オレンジの横縞シャツ　ウ 紺の縦縞シャツ　エ 紺の横縞シャツ



### 第9問

**今日は合コン！　かわいらしさをアピールするには何色の服がいい？**

ア 赤　イ 黄　ウ 水色　エ ピンク

### 第10問

**今日はパーティ！　相手との間に壁を作らず親密さをアピールするには何色の服がいい？**

ア 赤　イ 黄　ウ 水色　エ ピンク

## 第11問

今日は大事な会議の日。やる気をアピールするためには、紺のスーツに何色の腕時計がいい？

ア 緑　イ 黒　ウ シルバー　エ 赤

## 第12問

どうも彼に浮気を疑われている様子。「誠実な自分」をアピールするためには、何色の洋服がベスト？

ア 茶　イ 紺　ウ 黄　エ 青

## 第13問

なんだかイライラ。怒りっぽくなっているときに避けたほうがいい色は？

ア 赤　イ 緑　ウ 黒　エ オレンジ

## 第14問

最近、疲れ気味。たまっているストレスを和らげるためには何色がいい？

ア 紫　イ ピンク　ウ グレー　エ 青

## 第15問

お店で商品を並べているあなた。でもうまく調和しない色がある。そんなとき、さし色として使いたいのは？

ア グレー　イ 水色　ウ 黄　エ 黄緑

## 第16問

**心を静めてぐっすり眠るために、寝室に避けたほうがいい色は？**

㋐ 青　㋑ ピンク　㋒ 赤　㋓ 緑

## 第17問

**集中力を高めるため、仕事＆勉強部屋に適している色は？**

㋐ 青　㋑ ピンク　㋒ 赤　㋓ 緑

## 第18問

**緊張感がほぐれるような落ち着いた雰囲気のリビングづくりのため、もっとも適した色は？**

㋐ 紫　㋑ 水色　㋒ オレンジ　㋓ ベージュ

## 第19問

**部屋を広く見せるための配色としてもっとも適したものは？**

㋐ 床は茶色、壁や天井はオフホワイト　㋑ 壁は白、照明は蛍光灯　㋒ 床は白、壁や天井も白
㋓ 壁は緑、照明は白熱灯

## 第20問

**風邪をひいたみたい･･･そんなときに食べたい色の食材は？**

㋐ 緑　㋑ 赤　㋒ 白　㋓ 黄

## 第21問

**冷え性で肩こりもひどい･･･そんな人が積極的に摂りたい色の食材は？**

㋐ 緑　㋑ 赤　㋒ 白　㋓ 黄

## 第22問

**ダイエットを決意。少量でも満足するためにはどんな色の食べ物がいい？**

㋐ 白っぽいもの中心　㋑ カラフル　㋒ 茶系のもの中心　㋓ 緑系のもの中心

**【クイズの答え】**

第1問 ㋓ ／ 第2問 ㋓ ／ 第3問 ㋑ ／ 第4問 ㋑ ／ 第5問 ㋒ ／ 第6問 ㋒ ／ 第7問 ㋒ ／ 第8問 ㋐ ／ 第9問 ㋓ ／ 第10問 ㋑ ／ 第11問 ㋓ ／ 第12問 ㋐ ／ 第13問 ㋐ ／ 第14問 ㋓ ／ 第15問 ㋐ ／ 第16問㋒ ／ 第17問㋐ ／ 第18問㋓ ／ 第19問 ㋐ ／ 第20問 ㋒ ／ 第21問 ㋑ ／ 第22問 ㋒

# おわりに

色彩検定の対策本、色彩心理の本、ファッションコーディネイトやカラーインテリアの本は、世の中にたくさん出回っています。でも、衣食住、人間関係、そんな生活すべてをカバーする色の本はあまり見あたりません。それなら自分でまとめてみよう……そんな気持ちで、この本を書いてみました。

この本を読み終えたみなさんの心が色で満たされ、今まで以上に、色を身近に感じてもらえているのであれば幸いです。

そして、これからのあなたの生活を、さまざまな色で彩ってください。

佐藤千佳

## 著者紹介

**佐藤千佳**（さとう　ちか）

日本色彩学会会員。カラーアナリスト。桜美林大学文学部卒業後、アパレル会社に勤務、商品企画やプレスを担当。その間、エステティック技術の修得、色彩を通して心の状態をみる色彩心理の体系化を確立。現在、色彩を使って自分を表現するためのアドバイス、診断を行う傍ら、執筆活動も積極的に行っている。

## 参考文献


『色彩学』近藤恒夫（理工図書）

『カラー・イメージ事典』日本カラーデザイン研究所（講談社）

『日本の269色』永田泰弘監修（小学館）

『色彩感覚トレーニングブック』はまの出版デザイン室（はまの出版）



デザイン●R-coco［清水良子］

イラスト●かくたりかこ

編集協力●松本ゆかり


# 色彩ガイドブック


著　者●佐藤千佳

発行者●永岡純一

発行所●株式会社　永岡書店

〒176-8518　東京都練馬区豊玉上1-7-14

03-3992-5155（代表）

03-3992-7191（編集）

印刷所●横山印刷

製本所●若林製本





落丁・乱丁本はお取り替えいたします。⑰

ISBN978-4-522-42109-3 C2070